새로운 도서, 다양한 자료 동양북스 홈페이지에서 만나보세요!

www.dongyangbooks.com
m.dongyangbooks.com

홈페이지 도서 자료실에서 학습자료 및 MP3 무료 다운로드

PC

❶ 홈페이지 접속 후 도서 자료실 클릭
❷ 하단 검색 창에 검색어 입력
❸ MP3, 정답과 해설, 부가자료 등 첨부파일 다운로드

* 원하는 자료가 없는 경우 '요청하기' 클릭!

MOBILE

* 반드시 '인터넷, Safari, Chrome' App을 이용하여 홈페이지에 접속해주세요. (네이버, 다음 App 이용 시 첨부파일의 확장자명이 변경되어 저장되는 오류가 발생할 수 있습니다.)

❶ 홈페이지 접속 후 ☰ 터치

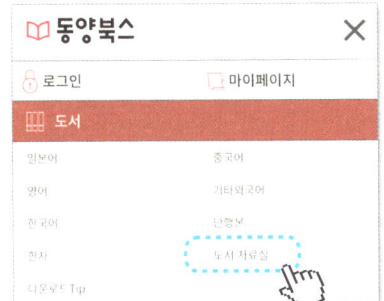

❷ 도서 자료실 터치

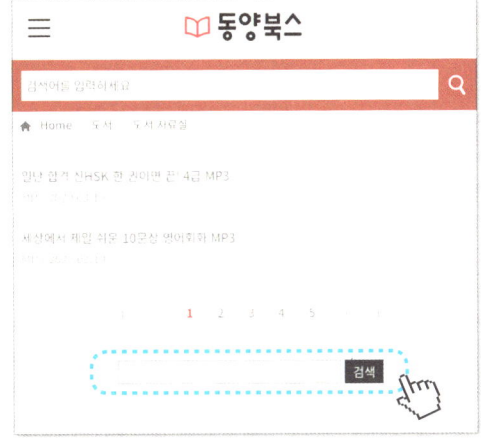

❸ 하단 검색창에 검색어 입력
❹ MP3, 정답과 해설, 부가자료 등 첨부파일 다운로드

* 압축 해제 방법은 '다운로드 Tip' 참고

미래와 통하는 책

가장 쉬운 독학
일본어 첫걸음
14,000원

버전업! 굿모닝
독학 일본어 첫걸음
14,500원

일단 합격하고 오겠습니다
JLPT 일본어능력시험 N3
26,000원

일본어 100문장 암기하고
왕초보 탈출하기
13,500원

가장 쉬운 독학
중국어 첫걸음
14,000원

가장 쉬운 중국어
첫걸음의 모든 것
14,500원

일단 합격 新HSK
한 권이면 끝! 4급
24,000원

중국어
지금 시작해
14,500원

영어를 해석하지 않고
읽는 법
15,500원

미국식
영작문 수업
14,500원

세상에서 제일 쉬운
10문장 영어회화
13,500원

영어회화
순간패턴 200
14,500원

가장 쉬운 독학
베트남어 첫걸음
15,000원

가장 쉬운 독학
프랑스어 첫걸음
16,500원

가장 쉬운 독학
스페인어 첫걸음
15,000원

가장 쉬운 독학
독일어 첫걸음
17,000원

동양북스 베스트 도서

THE
GOAL 1
22,000원

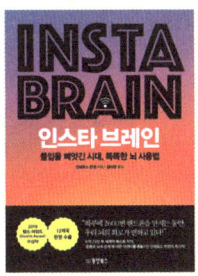
인스타
브레인
15,000원

직장인, 100만 원으로
주식투자 하기
17,500원

당신의 어린 시절이
울고 있다
13,800원

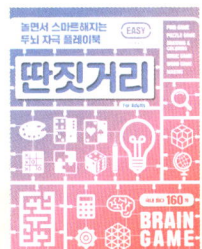
놀면서 스마트해지는 두뇌 자극
플레이북 딴짓거리 EASY
12,500원

죽기 전까지
병원 갈 일 없는 스트레칭
13,500원

가장 쉬운 독학
이세돌 바둑 첫걸음
16,500원

누가 봐도 괜찮은 손글씨 쓰는
법을 하나씩 하나씩 알기 쉽게
13,500원

가장 쉬운 초등 필수 파닉스
하루 한 장의 기적
14,000원

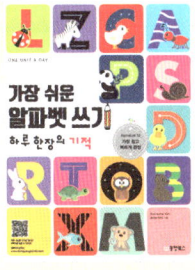
가장 쉬운 알파벳 쓰기
하루 한 장의 기적
12,000원

가장 쉬운 영어 발음기호
하루 한 장의 기적
12,500원

가장 쉬운 초등한자 따라쓰기
하루 한 장의 기적
9,500원

세상에서 제일 쉬운
엄마표 생활영어
12,500원

세상에서 제일 쉬운
엄마표 영어놀이
13,500원

창의쑥쑥 환이맘의
엄마표 놀이육아
14,500원

동양북스
www.dongyangbooks.com
m.dongyangbooks.com

 동양북스 를 검색하세요

https://www.youtube.com/channel/UC3VPg0Hbtxz7squ78S16i1g

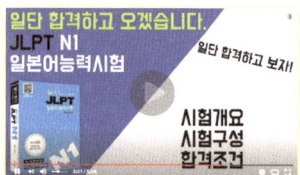  

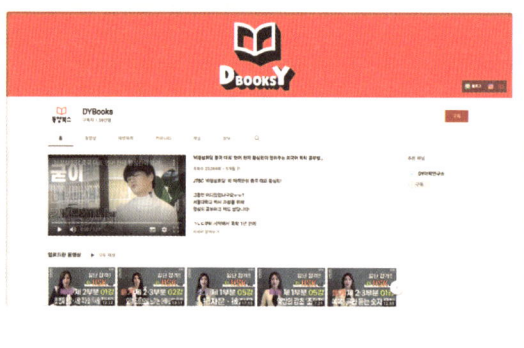

JLPT
HSK
제2 외국어

동양북스는 모든 외국어 강의영상을 무료로 제공하고 있습니다.
동양북스를 구독하시고 여러가지 강의 영상 혜택을 받으세요.

https://m.post.naver.com/my.nhn?memberNo=856655

NAVER 동양북스 포스트
를 팔로잉하세요

동양북스 포스트에서 다양한 도서 이벤트와
흥미로운 콘텐츠를 독자분들에게 제공합니다.

日本語読解

일본어뱅크
독해 1

메구로 마코토 지음

일본어뱅크
독해 1

초판 7쇄 | 2021년 9월 25일

지은이 | 메구로 마코토
발행인 | 김태웅
편 집 | 길혜진, 이선민
디자인 | 남은혜, 신효선
마케팅 | 나재승
제 작 | 현대순

발행처 | ㈜동양북스
등 록 | 제 2014-000055호
주 소 | 서울시 마포구 동교로22길 14 (04030)
구입 문의 | 전화 (02)337-1737   팩스 (02)334-6624
내용 문의 | 전화 (02)337-1762   dybooks2@gmail.com

ISBN 978-89-8300-906-7 14730
ISBN 978-89-8300-905-0 14730 (세트)

▶ 본 책은 저작권법에 의해 보호를 받는 저작물이므로 무단 전재와 복제를 금합니다.
▶ 잘못된 책은 구입처에서 교환해드립니다.
▶ 이 책은 동양북스에서 발행한 〈거침없이 술술! 일본어 독해 초·중급〉의 강의용 교재 판입니다.
▶ 도서출판 동양북스에서는 소중한 원고, 새로운 기획을 기다리고 있습니다.
   http://www.dongyangbooks.com

머리말

《일본어뱅크 독해 1》는 유학생의 눈으로 본 일본 생활을 각 과의 주제로 삼았습니다. 본문은 와세다 대학교 3학년인 유학생 K씨의 도움을 받아 작성했는데, K씨가 제공한 소재를 중심으로 20항목을 엄선했습니다.

이 책은 일본어를 공부하는 여러분에게 일본인의 생활과 문화, 사고방식 등을 소개할 목적으로 만들었습니다. 언어를 공부하는 까닭은 언어 학습을 통해 다른 문화를 접하며 사람들과 더욱 깊이 있게 교류하는 것 아닐까 싶습니다. 이 교재를 통해서 조금이라도 일본 생활과 문화에 대해 알릴 수 있다면 기쁘겠습니다.

자주 사용하는 초급 문형은 대부분 본문에 집어넣었고 '문형 연습'에서 연습할 수 있도록 편집했으므로 초급 교과서의 보조 교재로도 사용할 수 있을 것입니다.

끝으로 《T-KONI의 비즈니스 소재》《FOTOSEACH 사진·일러스트 소재》《일러스트레이터 와타나베 후미의 WEB에서 무료로 쓸 수 있는 일러스트·클립아트 소재》《학교 일러스트 소재》《교사의 편의점》 등 무료로 제공해 사진과 그림을 제공해준 분들에게 이 자리를 빌려 진심으로 감사드립니다.

메구로 마코토

차례

머리말 ... 003
일러두기 ... 006

Part 01 처음 뵙겠습니다 ... 007
- 01 ～ている
- 02 ～てから
- 03 ～たい
- 04 （N）になる

Part 02 방을 빌리다 ... 015
- 01 ～というN
- 02 ～てくれる
- 03 ～とき
- 04 ～と思う

Part 03 아르바이트를 하다 ... 023
- 01 ～やすい
- 02 ～かどうか
- 03 ～方がいい
- 04 ～前に

Part 04 은행 계좌를 개설하다 ... 031
- 01 ～へ～に行く
- 02 ～てもらう
- 03 ～ために（目的）
- 04 ～からだ

Part 05 일본의 집 ... 039
- 01 ～なければならない
- 02 ～は～が、～は～
- 03 あまり～ない
- 04 ～後で

Part 06 일본인의 면을 먹는 방법 ... 047
- 01 ～そうだ（伝聞）
- 02 ～てもいい
- 03 ～ながら
- 04 ～た-ことがある

Part 07 병원에 가다 ... 055
- 01 ～くなる
- 02 ～てみる
- 03 ～だろう／～でしょう
- 04 ～ば／～なければ

Part 08 미용실에 가다 ... 063
- 01 ～と（接続助詞）
- 02 ～くらい
- 03 ～ていただけませんか
- 04 ～し

Part 09 프리마켓 ... 071
- 01 ～たらいい
- 02 ～た-ばかりだ
- 03 ～たり～たりする
- 04 ～かもしれない

Part 10 쓰레기 버리는 법 ... 079
- 01 ～方
- 02 ～られる（受身形）
- 03 ～ことになる
- 04 ～だけ／～だけでなく

Part 11 　당신은 무슨 띠? 　　087
- 01 ～ることがある
- 02 ～とか～とか
- 03 ～らしい
- 04 ～ので

Part 12 　일본인과 꽃구경 　　095
- 01 ～が～のは、～
- 02 ～たら（仮定）
- 03 ～んじゃないか
- 04 ～そうだ（様態）

Part 13 　'당신'은 정중한가? 　　103
- 01 ～てはいけない
- 02 ～てきた
- 03 ～ても
- 04 ～しか～ない

Part 14 　일본인의 인사 　　111
- 01 ～まま
- 02 ～のに
- 03 ～てしまった
- 04 ～のを

Part 15 　일본인의 바디 랭귀지 　　119
- 01 ～させる（使役形）
- 02 ～んだ／～のだ
- 03 命令形
- 04 ～というのは～ことだ

Part 16 　일본어는 애매하다? 　　127
- 01 （疑問詞）～か、～
- 02 ～あう
- 03 ～ように／～ないように
- 04 ～にくい

Part 17 　술 취한 사람의 천국 일본 　　135
- 01 ～ぐらい（程度）
- 02 ～（よ）う（意向形）
- 03 ～より（も）
- 04 ～ようだ

Part 18 　회사 인간이라 불리며 　　143
- 01 まるで～ようだ
- 02 ～と言われる／言われている
- 03 ～らしい
- 04 ～ていく

Part 19 　지진 대국 일본 　　151
- 01 ～ところだ
- 02 ～ということだ
- 03 ～てある
- 04 ～ておく

Part 20 　지갑 끈을 쥐고 있는 아내 　　159
- 01 ～ほど～ない
- 02 ～まで
- 03 ～つもりだ
- 04 ～続ける／～始める

일러두기

일본어 문장을 거침없이 술술 읽는 그날까지!

본 교재는 일본어를 4~5개월 공부한 독자분들이 초급에서 중급 초반 수준에 해당하는 독해문과 문법사항을 공부할 수 있도록 배려하였습니다.

독해 어휘 길라잡이

독해문에 나오는 어휘를 정리하였습니다. 미리 훑어 보고 독해문을 읽어 보시면 좀더 쉽게 이해할 수 있습니다.

독해문

일본의 생활과 일본인에 관한 테마가 중심인 독해문 20개입니다. 처음 읽으실 때는 모르는 낱말이 나와도 사전을 찾지 말고, 글의 맥락 속에서 그 뜻을 유추해 보시는 것이 더 효과적입니다.

읽고 답하기

독해문을 제대로 이해했는지 확인하는 문제입니다. 독해문에서 나왔던 문장을 이용해서 일본어로 답을 쓰도록 되어 있어 문장을 쓰는 연습도 됩니다.

문형 연습

독해문에서 나왔던 문법사항을 공부하고, 예문처럼 문장을 완성하는 페이지입니다.

연습 문제

어휘, 조사, 품사 활용 실력을 점검하는 페이지입니다.

말하기

독해문의 내용에 관해 일본어로 질문하고 답하는 페이지입니다. 프리토킹 자료로서 활용해도 좋습니다.

Part 01

はじめまして

처음 뵙겠습니다

★ 독해 어휘 길라잡이

はじめまして 처음 뵙겠습니다 | 出身(しゅっしん) 출신 | 昨年(さくねん) 작년, 지난해 | 文化(ぶんか) 문화 | 卒業(そつぎょう)する 졸업하다 | 会社(かいしゃ) 회사 | 勤(つと)める 근무하다, 종사하다 | 上手(じょうず)(な) 능숙(한), 잘하는, 솜씨가 좋은 | もっと 더욱, 좀더, 한층 | 通訳(つうやく) 통역 | それで 그래서, 그로 인해서 | そこで 그래서, 그런 까닭으로 | 将来(しょうらい) 장래, 미래, 장차 | 相談(そうだん)する 상담하다, 상의하다 | 留学(りゅうがく)する 유학하다 | 寮(りょう) 기숙사 | 住(す)む 살다, 거처하다 | いろいろ(な) 여러 가지, 가지각색 | にぎやか(な) 활기(찬), 번화(한), 북적(한) | すっかり 완전히, 죄다, 까맣게 | 慣(な)れる 익숙해지다, 길들다 | 暮(く)らす 살다, 지내다 | 体験(たいけん)する 체험하다

Part 01 はじめまして

はじめまして。私は ユ・ホミンです。出身は 韓国の ソウルです。昨年の 四月に 日本に 来ました。みなさん、よろしく お願いいたします。

私は 富士大学の 二年生です。日本語学科で 今 日本語や 日本の 文化を 勉強して います。

私は 韓国で 大学を 卒業して、半年ぐらい 日本の 会社に 勤めて いました。しかし、私は 日本語が あまり 上手では ありませんでした。それで、将来の ことを 考えて、もっと 日本語を 勉強して、通訳に なりたいと 思いました。そこで 両親と 相談して、日本に 留学しました。

私は 今 大学の 留学生寮に 住んで います。寮には いろいろな 国から 来た 留学生が いて、とても にぎやかです。私は 日本に 来て 一年に なりますが、今では すっかり 日本の 生活にも 慣れて、友だちも たくさん できました。

では、これから 日本語を 勉強して いる みなさんに、私が 日本で 暮らして、見たり 聞いたり 体験したり した ことを お話ししようと 思います。

읽고 답하기
● 독해문을 읽고 다음 빈 칸을 채우세요.

Part 01

1 ユさんの 出身地は どこですか。
　_____です。

2 ユさんは 大学で 何を 勉強して いますか。
　_____勉強して います。

3 ユさんは 日本に 来る 前、何を して いましたか。
　_____いました。

4 ユさんの 夢は 何ですか。
　_____ことです。

5 ユさんが 住んで いる 寮は どんな ところですか。
　_____ところです。

6 ユさんは もう 日本の 生活に 慣れましたか。
　(はい／いいえ) _____。

7 今は 何月ですか。
　_____です。

出身地 출신지 ｜ 夢 꿈

문형 연습

ⓐ~ⓑ 문장을 완성하세요.

助詞を 入れ、語を 適当な 形に して 文を 作りましょう。

01 ～て いる ~하고 있다

⋯▶ 日本語や 日本の 文化を 勉強して います。
일본어와 일본 문화를 공부하고 있습니다.

ⓐ 私は （中華料理、店、アルバイト、する） います。

_____

ⓑ （あの、椅子、座る）て、（本、読む） いる 人は だれですか。

_____

02 ～て から ~하고 나서, ~한 다음에

⋯▶ 私は 大学を 卒業して から、半年ぐらい 日本の 会社に 勤めて いました。
나는 대학교를 졸업하고 나서 반년 쯤 일본 회사에 근무했습니다.

ⓐ 私は （日本、来ます） から、（ずっと、寮、住みます） います。

_____

ⓑ （仕事、終わります） から、（食事、行きます） ませんか。

_____

03 ～たい ~하고 싶다

→ 日本語を 勉強して、通訳に なりたいと 思います。
일본어를 공부해서 통역가가 되고 싶습니다.

ⓐ 私は （将来、医者、なる）たいと 思って います。

_____

ⓑ 私は （いつか、自分、家、持つ）たいです。

_____

04 (N) に なる ~이 되다

→ 日本に 来て 一年に なります。
일본에 온 지 1년이 됩니다.

ⓐ （この、公園、春、なります）と、（梅、咲きます）きれいです。

_____

ⓑ （サッカー、選手、なります）のが （私、夢）です。

---

01 中華料理 중화요리 | アルバイト 아르바이트 | 椅子 의자 02 終わる 끝나다, 마치다 | 食事 식사 03 将来 장래, 장차 | 医者 의사 | 自分 자신 | 持つ 갖다, 쥐다, 들다 04 公園 공원 | 梅 매화 | サッカー 축구 | 選手 선수

연습 문제

실력을 확인해 보세요.

1 ひらがな（下線部）の ところを 漢字で 書いて ください。

① さくねん　　② 日本の ぶんか　　③ かいしゃ
（　　　）　　　　　　（　　　）　　　　　（　　　）

④ りょうしん　　⑤ りゅうがくする　　⑥ せいかつ
（　　　）　　　　　（　　　）　　　　　（　　　）

2 漢字の ところ（下線部）の 読み方を ひらがなで 書いて ください。

① 出身　　　　② 勉強する　　　③ 勤める
（　　　）　　　（　　　）　　　　（　　　）

④ 通訳　　　　⑤ 相談する　　　⑥ 慣れる
（　　　）　　　（　　　）　　　　（　　　）

3 ＿＿＿に、適当な 語を 選んで、文を 完成させて ください。
（もっと／すっかり／しっかり／ぜひ）

① ごめんなさい。約束を ＿＿＿＿＿ 忘れて いました。

② 東京に 来た ときは、＿＿＿＿＿ 遊びに 来て ください。

③ 若い ときに、＿＿＿＿＿ 勉強して おきなさい。

④ ＿＿＿＿＿ くわしく 話して ください。

4 （　）に 助詞（ひらがな一字／要らないときは×）を 入れて ください。

① あなた（　）いつ（　）日本（　）来ました（　）。
② 私（　）将来（　）弁護士（　）なりたい（　）思って います。
③ 私（　）父（　）銀行（　）勤めて います。
④ 日本料理（　）中（　）お寿司（　）一番（　）好きです。

5 語の 形を 変えて 文を 作って ください。

① 彼とは 高校を （卒業する→　　　　）から、一度も 会って （いる→　　　　）。
② （食べる→　　　　）（たい→　　　　）なければ、（食べる→　　　　）なくても いい。
③ 日本に （来ます→　　　　）半年に なりますが、まだ 日本の 生活には （慣れます→　　　　）。
④ （若いです→　　　　）ときは、（やります→　　　　）たい ことを （やります→　　　　）ら いいです。

● 다음 질문을 읽고 이야기해 봅시다.

Part 01

1 あなたの お名前は 何と 言いますか。

2 あなたの 出身地は どこですか。

3 あなたの 職業は なんですか。

4 あなたは 今 何歳ですか。誕生日は いつですか。

5 あなたの 将来の 夢は なんですか。

職業 직업 | 誕生日 생일

Part 02

部屋を 借りる
방을 빌리다

★ 독해 어휘 길라잡이

タイ 태국 | アパート 아파트 | 借りる 빌리다, 꾸다 | 不動産屋 부동산 소개소 | ~DK dining kitchen, 부엌 겸 식당 | 家賃 집세 | 木造 목조 | 連帯保証人 연대 보증인 | 必要(な) 필요(한) | また 또, 다시 | 礼金 사례금 | ~というのは~ことだ ~라는 것은 ~를 말한다, ~는 ~다 | お礼 사례의 말, 사례의 선물 | 家主 집주인 | 敷金 보증금 | おかしい 이상하다, 우습다, 비정상적이다 | 方 쪽, 편, 방면 | ほか 다른 것, 딴 것 | 探す 찾다 | ほんとうに 정말로 | めんどう(な) 귀찮(은), 성가(신)

Part 02 部屋を 借りる

私には タイから 来た アナンさんと いう 友だちが います。アナンさんが 寮を 出て、アパートを 借りたいと 言うので、いっしょに 不動産屋に 行きました。

不動産屋さんは いろいろ 部屋を 紹介して くれましたが、どれも 高くて、1DKで 家賃が 5万円も します。「もっと 安い 部屋は ありませんか」と 聞いたら、駅から 遠いですが、3万円ぐらいの 木造の 部屋が ありました。しかし、お風呂は ついて いません。

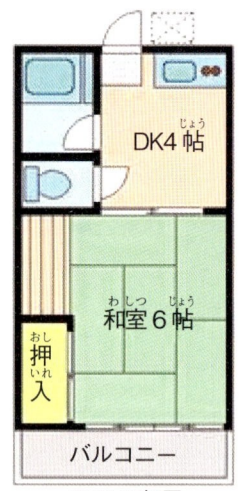

1DKの部屋

アナンさんが 「これに したいんですが、……」と 言うと、「日本人の 連帯保証人は いますか」と 聞かれました。日本では 部屋を 借りる とき、連帯保証人が 必要な 場合が 多いのです。また、「礼金が 一ヶ月、敷金が 一ヶ月です」と 言われました。礼金と いうのは 部屋を 借りる 人が 家主さんに 払う お礼の お金の ことで、敷金は 保証金の ことです。私は その 話を 聞いて、「礼金」は 少し おかしいと 思いました。アナンさんは お客さんですから、お礼を するのは アナンさんでは なく、家主さんの 方だと 思ったからです。アナンさんは 「ほかを 探します」と 言って、不動産屋を 出ました。日本で 部屋を 借りるのは ほんとうに めんどうです。

Part 02

1 この 人は 誰と どこへ 行きましたか。
　この 人は＿＿＿＿＿＿と＿＿＿＿＿＿＿へ 行きました。

2 そこへ 何を しに 行きましたか。
　＿＿＿＿＿へ＿＿＿＿＿を＿＿＿＿＿に 行きました。

3 1DKと いうのは どんな 部屋の ことですか。
　＿＿＿＿＿＿＿＿＿＿＿＿＿＿＿部屋の ことです。

4 アナンさんは どうして 駅から 遠くて、お風呂も ついて いない 古い 木造の 部屋を 借りようと 思ったのですか
　＿＿＿＿＿＿＿＿＿＿＿＿＿＿＿＿＿＿＿＿からです。

5 礼金と いうのは なんですか。
　それは＿＿＿＿＿＿＿＿＿＿＿＿＿＿＿＿＿＿ことです。

6 この 人は どうして 礼金は おかしいと 思いましたか。
　＿＿＿＿＿＿＿＿＿＿＿＿＿＿＿＿＿＿＿＿からです。

7 アナンさんは 部屋を 借りましたか、借りませんでしたか。
　＿＿＿＿＿＿＿＿＿＿＿＿＿＿＿。

～へ～に行く ~에 ~하러 가다 ｜ ～(よ)うと思う ~하려고 생각하다

문형 연습

ⓐ~ⓑ 문장을 완성하세요.

助詞を 入れ、語を 適当な 形にして 文を 作りましょう。

01 〜と いう N   ~라고 하는(라는) N

⇢ タイから 来た アナンさんと いう 友だちが います。
태국에서 온 아난 씨라는 친구가 있습니다.

ⓐ 「(この、料理、何、いう、名前) ですか。」「すき焼きです。」
_____

ⓑ (今さっき、田中さん、いう、方) から、(電話、あります)。
_____

02 〜て くれる   ~해 주다

⇢ 不動産屋さんは いろいろ 部屋を 紹介して くれましたが、……
부동산 소개업자는 여러 개의 방을 소개해 주었지만……

ⓐ (山田さん、私たち、駅、まで、送ります) くれました。
_____

ⓑ すみませんが、(もっと、大きい、声、話す、くれます) ませんか。
_____

Part 02

03 ～とき ~할 때

…▶ 日本では 部屋を 借りる とき、連帯保証人が 必要な 場合が……
일본에서는 방을 빌릴 때 연대 보증인이 필요한 경우가……

ⓐ 日本人は （うち、帰る）とき、(「ただいま」) 言います。

___

ⓑ あなたは （暇）とき、(いつも、何、する) いますか。

___

04 ～と 思う ~라고 생각하다

…▶ 私は その 話を 聞いて、礼金は 少し おかしいと 思いました。
나는 그 이야기를 듣고 사례금은 조금 이상하다고 생각했습니다.

ⓐ (星、出る、います) から、明日は (たぶん、晴れます)と 思います。

___

ⓑ (この、夏休み、国、帰ります) と 思って います。

___

---

01 すき焼き 스키야키 | 今さっき 조금 전 | 方 분 02 送る 바래다주다, 배웅하다, 보내다 | 声 소리, 목소리
03 ただいま 다녀왔습니다 | 暇(な) 한가(한), 짬, 틈 04 星 별 | 明日 내일 | たぶん 아마도 | 晴れる 개다, 맑다
夏休み 여름방학

연습 문제

실력을 확인해 보세요.

1 ひらがな（下線部）の ところを 漢字で 書いて ください。

① <u>かり</u>る　　　② <u>へや</u>　　　③ <u>えき</u>
（　　　）　　　（　　　）　　　（　　　）

④ <u>ひつよう</u>　　⑤ お<u>れい</u>　　⑥ <u>さが</u>す
（　　　）　　　（　　　）　　　（　　　）

2 漢字の ところ（下線部）の 読み方を ひらがなで 書いて ください。

① <u>不動産屋</u>　　② <u>紹介</u>する　　③ お<u>風呂</u>
（　　　　）　　（　　　　）　　　（　　　）

④ <u>連帯保証人</u>　⑤ <u>家主</u>　　　⑥ <u>礼金</u>を <u>払</u>う
（　　　　　）　（　　　　）　　（　　　）（　　　）

3 ＿＿＿に、適当な 語を 選んで、文を 完成させて ください。
（いっしょに／いろいろ／また／ほんとうに）

① ＿＿＿＿＿＿ ほしい ものが あるが、お金が ない。

② 家族（かぞく）と＿＿＿＿＿＿ 旅行（りょこう）に 行きました。

③ 彼女（かのじょ）は 美（うつく）しく、＿＿＿＿＿＿ 心（こころ）の やさしい 女性（じょせい）です。

④ それは ＿＿＿＿＿＿ あった 話ですか。

Part 02

4 （　）に 助詞（ひらがな一字／要らないときは×）を 入れて ください。

① 北京（　）（　）来た 李さん（　）いう 方（　）どなたです（　）。

② あなた（　）借りたい（　）は、どんな（　）部屋です（　）。

③ 「あなた（　）何（　）します（　）」「コーヒー（　）します」

④ 私（　）アパート（　）駅（　）近くて、買い物（　）便利です。

5 語の 形を 変えて 文を 作って ください。

① 外を（見ます→　　　）と、雪が（積もります→　　　）いた。

② 手を（洗う→　　　）、うがいを（する→　　　）ましょう。

③ （貸します→　　　）お金を（返します→　　　）ください。

④ 道を（尋ねる→　　　）ら、（親切だ→　　　）
　　（教える→　　　）くれました。

---

3 家族 가족 | 美しい 아름답다 | 心がやさしい 마음씨가 곱다　4 ～に近い ~에 가깝다 | 買い物 쇼핑 | 便利(な) 편리(한)　5 雪が積もる 눈이 쌓이다 | 手を洗う 손을 씻다 | うがいをする 양치질을 하다 | 貸す 빌려주다 | 返す 돌려주다 | 道を尋ねる 길을 묻다 | 親切(な) 친절(한) | 教える 가르치다

21

다음 질문을 읽고 이야기해 봅시다.

1　あなたの 国では 2DKの 部屋は いくらぐらい しますか。

2　あなたの 国で 部屋を 借りる とき、連帯保証人が 必要ですか。

3　あなたの 国でも 部屋を 借りる とき、礼金や 敷金を 払いますか。

4　あなたが 今 住んで いる 家の ことを 話して ください。
　　（広さ、部屋数、家賃……）

5　あなたは 今 住んで いる 家に 満足して いますか。
　　それは どうしてですか。

広さ 넓이 | 部屋数 방수 | 満足する 만족하다

Part 03

アルバイトを する
아르바이트를 하다

★ 독해 어휘 길라잡이

居酒屋 주점 | アルバイト 아르바이트 | 時給 시급 | ～やすい ~하기 쉽다, ~하기 좋다 | ～かどうか ~인지 어떤지, ~인지 아닌지 | ～よりも～方がいい ~보다도 ~하는 편이 좋다 | 機会 기회 | ～し ~하고, ~한데다 | 学ぶ 배우다, 익히다 | 経験する 경험하다 | 仕事 일, 업무 | 厳しい 엄하다, 혹독하다 | 決して 결코, 절대로 | 遅刻する 지각하다 | 無断欠勤する 무단결근하다 | そうそう 그래그래 | 大切(な) 친절(한) | 入国管理局 입국 관리국 | 資格外活動許可証 자격 외 활동 허가증 | 忘れる 잊다 | ～ないでください ~하지 마세요, ~하지 말아 주세요 | 認める 인정하다

Part 03 アルバイトを する

　私は 居酒屋で アルバイトを して います。時給は 950円で そんなに 高く ありませんが、店長が やさしくて、とても 働きやすい お店です。

　東京や 大阪の ような 大都市では、時給が 1000円以上の ところも たくさん ありますが、私は 時給が 高いか どうか よりも、日本語を 話す 機会が 多い アルバイトを 選んだ 方が いいと 思います。アルバイトは 日本の 社会を 知る いい 機会ですし、生きた 会話を 学ぶ ことも できますから。

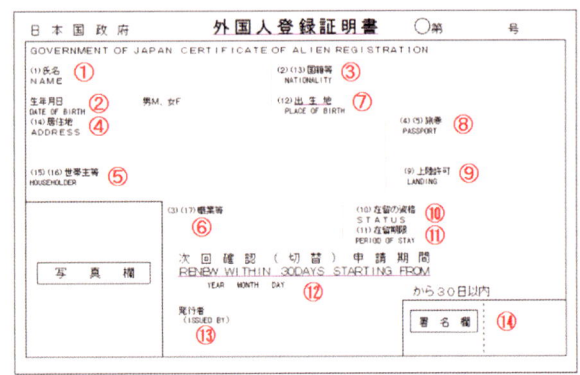

　なお、留学生の 中には、はじめて アルバイトを 経験する 人も 多いでしょうが、日本人は とても 仕事に 厳しいですから、決して 遅刻したり、無断欠勤したり しては いけません。そうで ないと、「明日から 来なくても いい」と 言われて しまいます。

　そうそう、一番 大切な ことを 忘れて いました。日本で アルバイトを 始める 前に、入国管理局に 行って、「資格外活動許可証」を もらう ことを 忘れないで くださいね。この 許可証が あれば、留学生や 就学生にも、一週間に 28時間以内の アルバイトが 認められて います。

1　この　人は　どんな　店で　アルバイトして　いますか。
　　_____で_____。

2　その　店の　時給は　普通より　高いですか。
　　(はい／いいえ)_____。

3　どうして　日本語を　話す　機会が　多い　アルバイトが　いいのですか。
　　_____からです。

4　アルバイト先で　注意しなければ　ならない　ことは　なんですか。
　　_____ことです。

5　それは　どうしてですか。
　　_____からです。

6　日本で　アルバイトを　始める　前に、しなければ　ならない　ことは
　　なんですか。
　　_____ことです。

7　留学生や　就学生が　アルバイトできる　時間は　決まって　いますか。
　　(はい／いいえ)_____。

普通 보통 ｜ 注意する 주의하다 ｜ 決まる 정해지다, 결정되다

문형 연습

ⓐ~ⓑ 문장을 완성하세요.

助詞を 入れ、動詞や 形容詞を 適当な 形に して 文を 作りましょう。

---

01 ～やすい　~하기 좋다, ~하기 쉽다, ~하기 편하다

→ 店長が　やさしくて、とても　働きやすい　職場です。
점장님이 상냥해서 매우 일하기 편한 직장입니다.

ⓐ （もっと、わかる）やすく、（話す）　もらえませんか。

_____

ⓑ （この、辞書）は　（字、大きい）、（とても、見る）やすいです。

_____

---

02 ～か どうか　~인지 어떤지, ~인지 아닌지

→ 時給が　10円　高いか　どうかよりも、……
시급이 10엔 높은지 아닌지 보다도……

ⓐ 店長が（やさしいです）か　どうか　わかりません。

_____

ⓑ （おいしいです）か　どうか、（食べます、みます）ら　どうですか。

_____

03 〜方が いい ~하는 편(쪽, 것)이 좋다

⋯▸ 日本語を 話す 機会が たくさん ある アルバイトを 選んだ 方が いいと 思います。
일본어로 이야기할 기회가 많이 있는 아르바이트를 고르는 편이 좋다고 생각합니다.

ⓐ (体、悪い) から、(あまり、タバコ、吸う) 方が いいですよ。

_____

ⓑ (風邪) ときは、(ゆっくり、休む) 方が いいですよ。

_____

04 〜前に ~ 전에, ~ 하기 전에

⋯▸ アルバイトを 始める 前に、入国管理局で 「資格外活動許可」を……
아르바이트를 시작하기 전에 입국 관리국에서 '자격 외 활동 허가증'을……

ⓐ (食事) 前には、(手、洗います) なければ なりませんよ。

_____

ⓑ (ゆうべ、寝ます) 前に、(国、母、手紙、書きます)。

_____

---

01 〜てもらえませんか ~해 주시겠습니까?(원래는 '~해 받을 수 있겠습니까'로 겸손한 표현이지만 우리말로는 그런 표현이 없으므로 '~해 주시겠습니까'로 표현) | 辞書 사전 | 字 글자, 글씨 02 やさしい 온순하다, 상냥하다 | おいしい 맛있다 | 食べる 먹다
03 悪い 나쁘다, 해롭다 | 風邪 감기 | ゆっくり 충분히, 천천히, 푹 | 休む 쉬다 04 寝る 자다 | 手紙 편지

연습 문제
● 실력을 확인해 보세요.

1 ひらがな（下線部）の ところを 漢字で 書いて ください。

① てんちょう　　② はたらく　　③ だいとし
（　　　）　　　（　　　）　　　（　　　）

④ きかい　　　　⑤ かいわ　　　⑥ わすれる
（　　　）　　　（　　　）　　　（　　　）

2 漢字の ところ（下線部）の 読み方を ひらがなで 書いて ください。

① 時給　　　　　② 学ぶ　　　　③ 経験する
（　　　）　　　（　　　）　　　（　　　）

④ 無断欠勤　　　⑤ 明日　　　　⑥ 認める
（　　　）　　　（　　　）　　　（　　　）

3 ＿＿＿に、適当な 語を 選んで、文を 完成させて ください。
（そんなに／のような／かどうか／よりも）

① できる ＿＿＿＿＿＿、やって みなければ わかりません。
② お寿司 ＿＿＿＿＿＿ 食べ物は 世界でも 珍しい。
③ 書く ことは 話す こと ＿＿＿＿＿＿ 難しいです。
④ 昨日の 映画は ＿＿＿＿＿＿ おもしろくなかったです。

4 （　）に 助詞（ひらがな一字／要らないときは×）を 入れて ください。

① 「東京（　） 人口（　） ソウル（　）（　） 多いです（　）。」

「はい、ソウル（　）（　） 多いです。」

② 会議（　） 出席できる（　） どう（　）、返事（　） ください。

③ 彼女（　） どこ（　） 行った（　）、誰（　） 知りませんか。

④ 熱（　） ある とき（　）は、風呂（　） 入らない 方（　） いいよ。

5 語の 形を 変えて 文を 作って ください。

① （できません→　　　　　） ことを、（できます→　　　　　） と

（言いません→　　　　　） 方が いいですよ。

② （安いです→　　　　　） か どうかより、品質が （いいです→　　　　　）

方が いいです

③ 明日は （大切だ→　　　　　） 試験ですから、絶対に

（遅刻しない→　　　　　） くださいね。

④ 夏は 食べ物が （悪い→　　　　　）（なる→　　　　　） やすいです。

---

3 世界 세계｜珍しい 드물다, 신기하다 4 会議 회의｜出席する 출석하다｜熱 열
5 品質 품질｜試験 시험｜絶対 절대

● 다음 질문을 읽고 이야기해 봅시다.

Part 03

1　あなたは　アルバイトを　した　ことが　ありますか。

2　あなたの　国では　アルバイトの　時給は　どのくらいですか。

3　あなたの　国では　小・中学生の　アルバイトも　認められて　いますか。

4　あなたが　留学生だったら、どんな　アルバイトを　して　みたいですか。

5　それは　どうしてですか。

小・中学生 초등·중학생 ｜ 認める 인정하다

Part 04

銀行口座を 開く
은행 계좌를 개설하다

★ 독해 어휘 길라잡이

口座を開く 계좌를 개설하다 | 振り込む 입금하다, 불입하다 | 窓口 창구 | (身分を)証明する (신분을) 증명하다 | 外国人登録証 외국인 등록증 | 印鑑 도장, 인감 | 要る 필요하다 | 開く 영업하다 | 申し込み用紙 신청 용지 | キャッシュ・カード 현금카드 | 暗証番号 비밀 번호 | 預金通帳 예금 통장 | 郵送する 우송하다 | コンビニ 편의점 | ATM 현금 자동 입출금기 | 紛失する 분실하다 | 気をつける 조심하다, 주의하다 | ~ほかに ~외에 | 受験する 수험하다 | きちんと 정확히, 제대로, 규칙 바르게 | 確かめる 확인하다 | コピー 복사 | 求める 요구하다, 바라다

Part 04 銀行口座を開く

　昨日 銀行へ 口座を 開きに 行きました。アルバイトの お金を 振り込んで もらったり、両親から 学費などを 送って もらう ために 必要だったからです。

　銀行口座を 開くには、身分を 証明する 外国人登録証や、学生証、印鑑が 要ります。日本の 銀行は、月曜日から 金曜日の 午前9時から 午後3時まで 開いて います。銀行の 窓口に 口座を 開くための 申し込み用紙が ありますから、それに 住所や 名前、キャッシュ・カードが 必要な 場合は 暗証番号を 書いて 渡します。預金通帳は すぐ もらえますが、キャッシュ・カードは 後で 自宅に 郵送されます。

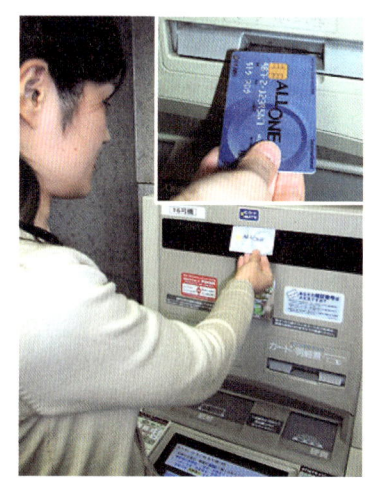
＜ATM＞

　キャッシュ・カードが あれば、コンビニや 駅前などに ある ATM (現金自動預け入れ支払い機)が 使えて とても 便利ですが、カードを 紛失しないように 気を つけましょう。

　この 銀行口座は お金の 出し入れの ほかに、大学や 専門学校を 受験する ときに 必要に なる 場合が あります。というのも 学費などが 海外の 両親から きちんと 送られて いるか どうかを 確かめる ために、通帳の コピーを 出すように 求める 大学や 専門学校が あるからです。

● 독해문을 읽고 다음 빈 칸을 채우세요.

Part 04

1 この 人は どうして 銀行口座を 開きましたか。
   それは、_____ からです。

2 銀行口座を 開く ために 必要な ものは 何ですか。
   _____ や _____ や _____ などです。

3 日本の 銀行は 何時に 閉まりますか。
   _____ 閉まります。

4 キャッシュカードは 銀行の 窓口で 受け取れますか。
   (はい/いいえ) _____ 。

5 ATMと いうのは 何の ことですか。
   _____ ことです。

6 ATMは どんな ところに 置いて ありますか。
   _____ や _____ などに 置いて あります。

7 通帳の コピーを 出すように 求める 大学や 専門学校が あるのは
   どうしてですか。
   _____ ためです。

開く 열다 | 閉まる 닫히다, 잠기다 | 置く 놓다, 두다

문형 연습

ⓐ~ⓑ 문장을 완성하세요.

助詞を 入れ、動詞・形容詞を 適当な 形に して 文を 作りましょう。

01　～へ　～に 行く　~에 ~하러 가다

…▶ 銀行へ 口座を 開きに 行きました。
　　은행에 계좌를 개설하러 갔습니다.

ⓐ 私は （今度、日曜日）、（父、いっしょに、海、釣る）に 行きます。
_____

ⓑ 私は （週、一回、プール、泳ぐ）に 行きます。
_____

02　～て もらう　~해 주다(원래는 '~해 받다'이지만 우리말로는 어색한 표현이므로 '~해 주다'로 표현)

…▶ アルバイトの お金を 振り込んで もらったり、……
　　아르바이트한 돈을 입금 받거나……

ⓐ 私は （友だち、ATM、使い方、教える） もらいました。
_____

ⓑ これは （誕生日、父、買う、もらう） 時計です。
_____

Part 04

03 ～ために（目的） ~하기 위해(목적)

⋯▶ 両親から 学費を 仕送りして もらう **ために** 必要だったからです。
부모님에게서 학비를 송금 받기 위해 필요했기 때문입니다.

ⓐ 私は （将来、自分、店、持ちます）ために、（貯金します）います。

_____

ⓑ （人、生きます）ために（食べます）のか、（食べます）ために
（生きます）のか。

_____

04 ～からだ ~하기 때문이다

⋯▶ というのも 通帳の コピーを 出すように 求める 大学や 専門学校が ある**からです**。
왜냐하면 통장의 사본을 내도록 요구하는 대학이나 전문학교가 있기 때문입니다.

ⓐ （昨日、会社、休みました）のは、（用事、ありました）からです。

_____

ⓑ （私、日本、留学しました）のは、（医者、なります、たいです）からだ。

_____

---

01 今度 이번 | 釣る 낚다, 꾀다 | 泳ぐ 수영하다, 헤엄치다 02 使い方 사용(방)법 | 時計 시계
03 貯金する 저금하다 | 生きる 살다 04 休む 쉬다, 휴식하다 | 用事 볼일

연습 문제

실력을 확인해 보세요.

1 ひらがな（下線部）の ところを 漢字で 書いて ください。

① ぎんこう　　　　② みぶん　　　　　③ じゅうしょ
　（　　　）　　　　（　　　　）　　　　（　　　　）

④ わたす　　　　　⑤ べんりだ　　　　⑥ かいがい
　（　　　）　　　　（　　　　）　　　　（　　　　）

2 漢字の ところ（下線部）の 読み方を ひらがなで 書いて ください。

① 学費　　　　　　② 証明する　　　　③ 外国人登録証
　（　　　）　　　　（　　　　）　　　　（　　　　）

④ 暗証番号　　　　⑤ 紛失する　　　　⑥ 確かめる
　（　　　　）　　　（　　　　）　　　　（　　　　）

3 ＿＿＿に、適当な 語を 選んで、文を 完成させて ください。
（すぐ／あとで／ほかに／というのも）

① タバコを 買う お金も ない。＿＿＿＿＿＿ 給料前だからだ。
② 今 忙しいので、＿＿＿＿＿＿ 電話して ください。
③ ＿＿＿＿＿＿ 何か 質問は ありませんか。
④ 荷物が 届いたら、＿＿＿＿＿＿ 知らせて くれ。

Part 04

4 （　）に 助詞（ひらがな一字／要らないときは×）を 入れて ください。

① 私（　）先生（　）作文（　）まちがい（　）直して いただいた。
② 病院（　）行く（　）（　）に、会社（　）休みました。
③ 私（　）彼（　）結婚した（　）は、彼（　）誠実な 人だ（　）（　）です。
④ 土日（　）（　）、ATM（　）お金（　）下ろす こと（　）できる。

5 語の 形を 変えて 文を 作って ください。

① 何か 身分を（証明します→　　　　）ものを お（持ちます→　　　　）ですか。
② 両親から（送る→　　　　）もらった お金を 遊びに（使う→　　　　）しまった。
③ 約束を（忘れません→　　　　）ように（する→　　　　）くださいよ。
④ 両国の（友好→　　　　）ために（乾杯する→　　　　）ましょう。

---

3 給料前 월급날 전 ｜ 忙しい 바쁘다 ｜ 荷物が届く 짐이 도착하다 ｜ 4 まちがい 틀린 점, 잘못 ｜ 直す 고치다 ｜ 誠実(な) 성실(한) ｜ (お金)を下ろす (돈)을 인출하다, 찾다 ｜ 5 遊ぶ 놀다 ｜ 両国の友好 양국의 우호 ｜ 乾杯する 건배하다

  다음 질문을 읽고 이야기해 봅시다.

Part 04

1 あなたの 国では、銀行は 何時から 何時まで 開いて いますか。

2 あなたの 国では、銀行口座を 開く とき、印鑑が 要りますか。

3 あなたの 銀行の 利子は、普通口座で 一年 どのくらいですか。

4 あなたの 国では、どんな ところに ATMが 置いて ありますか。

5 あなたの 国の ATMは、土・日も お金の 出し入れが できますか。

普通口座 보통계좌 | 利子 이자

Part 05

日本の 家
일본의 집

★ 독해 어휘 길라잡이

お宅 댁, 집 | お上がりください 올라오세요 | 迎える 맞다, 맞이하다 | 畳 다다미 | 玄関 현관 | ～なければならない ~하지 않으면 안 된다, ~해야만 한다 | 最近 최근 | 押し入れ 벽장 | ふとんを敷く 이불을 깔다 | 衣類 의류 | しまう 넣다, 간수하다 | ～ておく ~해 두다, ~해 놓다 | トイレ 화장실 | 都会 도회, 도시 | 田舎 시골, 지방 | 湯船につかる 욕조(목욕물)에 몸을 담그다 | 暖まる 따뜻해지다, 훈훈해지다 | 汚れる 더러워지다 | 生活習慣 생활 습관 | ホームステイする 홈스테이를 하다 | ～てしまう ~해 버리다 | (湯を)抜く (목욕물을) 빼다

Part 05 日本の家

日本人の お宅へ 遊びに 行くと、「どうぞ お上がりください」と 言って、奥さんが 迎えて くれます。日本の 家は 畳の 部屋ですから、玄関で 靴を 脱いで 部屋に 上がらなければ なりません。それで、「どうぞ お上がりください」と 言うのです。

最近は ベッドも 増えて いますが、普通は 夜 押し入れから ふとんを 出して、畳の 上に 敷いて 寝ます。そして、朝 起きて、また 押し入れに しまいます。この 押し入れの 中には 衣類や 本や いろいろな ものを しまって おけますから、とても 便利です。

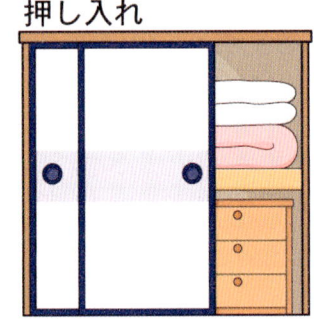

日本の 家では トイレと お風呂は 別の 部屋に なって います。都会は 洋式の トイレが 多いですが、田舎では 和式の トイレ（左の 絵）が 今でも 使われて います。

お風呂も 日本人は 外で 体を 洗って から、湯船に つかります。湯船の 中では 暖まるだけなので、お湯は あまり 汚れません。ですから、湯船の お湯を 家族 みんなで 使いますが、外国人は そんな 日本の 生活習慣を 知りませんから、日本人の お宅に ホームステイした とき、湯船の 中で 体を 洗ったり、お風呂が 終わった 後で、湯船の 湯を 抜いて しまったり するんですね。

읽고 답하기

● 독해문을 읽고 다음 빈 칸을 채우세요.

Part 05

1 日本では お客を 部屋に 迎える とき、どう 言いますか。
　_____と 言います。

2 日本では どうして 「お上がりください」と 言うのですか。
　_____からです。

3 日本では、普通 どう やって 夜 寝ますか。
　_____ 寝ます。

4 押し入れと いうのは どんな 場所ですか。
　_____や_____など _____ 場所です。

5 日本では お風呂と トイレは いっしょの 部屋ですか。
　(はい／いいえ)、_____。

6 日本人は 湯船に つかる 前に どう しますか。
　_____。

7 外国の 人が 日本の お風呂を 使う とき、どんな 失敗を しますか。
　_____たり_____たりします。

失敗をする 실패를 하다, 실수를 하다

문형 연습

ⓐ~ⓑ 문장을 완성하세요.

助詞を 入れ、動詞・形容詞を 適当な 形に して 文を 作りましょう。

01 〜なければ ならない ~하지 않으면 안 된다, ~해야(만) 한다

…▶ 日本では 玄関で 靴を 脱いで 部屋に 上がらなければ なりません。
일본에서는 현관에서 신발을 벗고 방으로 올라가야 합니다.

ⓐ (明日、テスト、ある) から、(勉強する) なければ なりません。

_____

ⓑ (図書館、借りる、本) を、(今日中、返す) なければ なりません。

_____

02 〜は 〜が、〜は 〜 (対比強調の「は」)
~는 ~지만, ~는~ (대비 강조의 '는')

…▶ 都会では 洋式トイレが 多いですが、田舎では 和式トイレも 使われて いますから……
도시에서는 양식 화장실이 많지만 시골에서는 일본식 화장실도 사용되기 때문에……

ⓐ 私は (英語) 話せますが、(韓国語) 話せません。

_____

ⓑ (日本で、車、道路、左側) 走りますが、(中国で、右側) 走ります。

_____

03 あまり ～ない 별로 ~하지 않다, 그다지 ~하지 않다

⋯▶ お湯は あまり 汚れません。
목욕물은 별로 더러워지지 않습니다.

ⓐ （昨日、見る、映画）は、（あまり、おもしろい）です。

___

ⓑ （うち、子、あまり、成績、いい）ので、大学進学は 難しいです。

___

04 ～後で ~후에, ~한 다음에

⋯▶ お風呂が 終わった 後で、湯船の 湯を 抜いて しまったり……
목욕을 마친 다음에 욕조의 목욕물을 빼 버리거나……

ⓐ （一日、三回、食事） 後で、（この、薬、飲みます） ください。

___

ⓑ （和食、作ります）ときは、（「さしすせそ」、順番、調味料）入れます。
ですから、（塩、入れます）は （砂糖、入れます） 後です。

___

---

01 図書館 도서관 | 今日中 오늘 안, 오늘 중 02 道路 도로, 길 | (左／右)側 (좌/우)측 | 走る 달리다, 뛰다
03 おもしろい 재미있다 | 成績 성적 | 大学進学 대학 진학
04 薬 약 | 和食 화식, 일식 | 順番 순서 | 調味料 조미료 | 塩 소금 | 砂糖 설탕

연습 문제

실력을 확인해 보세요.

1 ひらがな（下線部）の ところを 漢字で 書いて ください。

① あそびに いく　② くつを ぬぐ　③ ふえる
　（　）　（　）　　（　）　（　）　　（　　　）

④ つかいかた　⑤ からだを あらう　⑥ ゆが よごれる
　（　　　）　　（　）　（　）　　（　）（　）

2 漢字の ところ（下線部）の 読み方を ひらがなで 書いて ください。

① 畳の 部屋　② 玄関　③ 敷く
　（　）（　）　（　　）　（　　）

④ お風呂　⑤ 田舎　⑥ 生活習慣
　（　　　）　（　　　）　（　　　）

3 ＿＿＿＿に、適当な 語を 選んで 形を 変えて、文を 完成させて ください。
（むかえる／あがる／しまう／つかる）

① お風呂に ＿＿＿＿＿＿ 飲む 酒は 最高(さいこう)です。
② 友だちを ＿＿＿＿＿＿に 空港(くうこう)まで 行きました。
③ 箱(はこ)の 中に 道具(どうぐ)を ＿＿＿＿＿＿ おきます
④ うちの 子は 来年(らいねん) 小学校に ＿＿＿＿＿＿ます。

4 （　）に 助詞（ひらがな一字／要らないときは×）を 入れて ください。

① 教室（　）入る（　）、試験（　）もう（　）始まって いた。
② 兄（　）背（　）低い（　）、弟（　）とても 背（　）高い。
③ 危ないです（　）（　）、白線（　）後ろ（　）下がって ください。
④ 日本（　）は、ご飯を 食べる 前（　）「いただきます」、食べた 後
　（　）「ごちそうさま」（　）言います。

5 語の 形を 変えて 文を 作って ください。

① （遠慮する→　　　　　）ないで、どうぞ お（入る→　　　　　）ください。
② 「木村さんの 携帯電話の 番号を（知ります→　　　　　）か。」
　「いいえ、私も（知ります→　　　　　）。」
③ 仕事が（終わる→　　　　　）後で、（飲む→　　　　　）に 行かない？
④ あまり（おいしい→　　　　　）ラーメンだったので、
　全部（食べる→　　　　　）ないで、店を 出ました。

---

3 最高 최고 | 箱 상자 | 道具 도구　4 背が（低い／高い）키가 (작다／크다) | 危ない 위험하다 | 下がる 물러나다, 내리다
5 遠慮する 사양하다 | 携帯電話 휴대전화 | ラーメン 라면

● 다음 질문을 읽고 이야기해 봅시다.

Part 05

1 あなたの 国では お客を 部屋に 迎える とき、どう 言いますか。

2 あなたは 日本人の お宅を 訪問した ことが ありますか。

3 あなたは 日本の お風呂に 入った ことが ありますか。

4 あなたの 国の 家と 日本の 家を 比べた とき、どんな 違いが ありますか。

5 あなたの 国と 日本を 比べた とき、生活習慣に どんな 違いが あります か。三つ以上 話して ください。

訪問する 방문하다 | 比べる 비교하다

Part 06

日本人の 麺の 食べ方
일본인의 면을 먹는 방법

★ 독해 어휘 길라잡이

麺 국수, 면 | うどん 우동 | そば 메밀국수 | 伝える 전하다 | 奈良時代 나라 시대 | ～そうだ ~라고 한다(전문) | 地方 지방 | 中心 중심 | 主に 주로 | 呼ぶ 부르다 | ラーメン 라면 | 普及する 보급하다, 보급되다 | 明治時代 메이지 시대 | 国民食 국민식 | ～てもいい ~해도 좋다, ~해도 된다 | さて 그런데, 자 | 驚く 놀라다 | 音を立てる 소리를 내다 | マナー 매너 | ～ながら ~하면서 | すする 후루룩거리다, 훌쩍훌쩍 마시다 | すると 그러자, 그랬더니

Part 06 日本人の 麺の 食べ方

　日本で 古くから 食べられて いた 麺は うどんと そばですが、麺づくりが 中国から 日本に 伝えられたのは 奈良時代（710～784）だそうです。西の うどん文化、東の そば文化と 言われますが、現在でも 京都・大阪から 西の 地方では 主に うどんが、東京から 北の 地方では 主に そばが 食べられて います。

＜うどん＞

＜そば＞

　ラーメンは 昔は 中華そばと 呼ばれて いました。ラーメンが 各地に 普及したのは 明治時代（1868～1912）ですが、今では ラーメンは 日本人の 国民食と 言っても いい 食べ物に なって います。

＜ラーメン＞

　さて 私たちが 驚くのは 日本人の 麺の 食べ方です。世界の 多くの 国では、麺を 食べる ときに 音を 立てないのが マナーですが、日本では みんな「ズルズル」と 音を 立てて、麺を すすりながら 食べます。私は 日本人の 友だちに「どうして 麺を 食べる とき 音を 立てるんですか」と 聞いた ことが あります。すると、「麺は こう やって 食べないと おいしくないんだよ。君も やって みたら？」と いう 返事でした。

● 독해문을 읽고 다음 빈 칸을 채우세요.

Part 06

1　そばと　ラーメンと、どちらが　古い　食べ物ですか。
　　＿＿＿＿＿＿＿＿＿＿＿の　方が＿＿＿＿＿＿＿＿＿＿＿＿＿＿＿。

2　麺づくりは　いつごろ　どこから　日本に　伝えられましたか。
　　＿＿＿＿＿＿＿＿＿＿＿＿＿＿＿＿＿＿＿＿＿伝えられました。

3　京都の　人は、うどんと　そばと、どちらの　方を　よく　食べますか。
　　＿＿＿＿＿＿＿＿＿＿＿の　方を　＿＿＿＿＿＿＿＿＿＿＿＿＿。

4　ラーメンが　全国に　広まったのは　いつごろですか。
　　＿＿＿＿＿＿＿＿＿＿＿＿＿＿＿＿＿＿ことです。

5　「国民食」と　いうのは　どう　いう　意味ですか。
　　＿＿＿＿＿＿＿＿＿＿＿＿＿＿＿＿＿＿と　いう　意味です。

6　日本人は　どう　やって　麺を　食べますか。
　　＿＿＿＿＿＿＿＿＿＿＿＿ながら＿＿＿＿＿＿＿＿＿＿＿＿＿＿。

7　外国人は　どうして　日本人の　麺の　食べ方を　見て　驚くのですか。
　　＿＿＿＿＿＿＿＿＿＿＿＿＿＿＿＿＿＿＿＿＿＿からです。

全国 전국 ｜ 広まる 널리 퍼지다, 널리 보급되다

문형 연습

ⓐ~ⓑ 문장을 완성하세요.

助詞を 入れ、動詞・形容詞を 適当な 形に して 文を 作りましょう。

01 〜そうだ（伝聞） ~라고 한다(전문)

⋯▶ 麺づくりが 中国から 日本に 伝えられたのは 奈良時代だそうです。
면을 만드는 방법이 중국에서 일본으로 전해진 것은 나라시대라고 합니다.

ⓐ (天気予報) よると、(今日、午後、雨、なります) そうです。

_____

ⓑ (テレビ、ニュース) 聞きましたが、(神戸、大きい、地震、ありました) そうです。

_____

02 〜ても いい ~해도 좋다, ~해도 된다, ~해도 괜찮다

⋯▶ ラーメンは 日本人の 国民食と 呼んでも いい 食べ物に なりました。
라면은 일본인의 국민식이라고 불러도 좋을 음식이 되었습니다.

ⓐ (ここ、タバコ、吸います) も いいですか。

_____

ⓑ (熱、ありません) ら、(お風呂、入ります) も いいです。

_____

Part 06

03 〜ながら ~하면서

⋯▶ 「ズルズル」と 音を 立てて、麺を すすりながら 食べて います。
'후루룩' 소리를 내어 훌쩍거리며 먹고 있습니다.

ⓐ 私は （いつも、音楽、聴く）ながら、勉強します。

___

ⓑ （テレビ、見る）ながら、（ご飯、食べる）ないで ください。

___

04 〜た ことが ある ~한 적이 있다

⋯▶ 「……音を 立てるんですか」と 聞いた ことが あります。
"……소리를 내는 거죠?"라고 물은 적이 있습니다.

ⓐ 「あなたは （馬、乗ります）ことが ありますか。」
「いいえ、（一度、あります）。」

___

ⓑ 私は まだ （海外旅行、します）ことが （あります）んです。

___

01 天気予報 일기예보 | ニュース 뉴스 | 地震 지진 02 タバコ 담배 | 吸う 피우다 03 いつも 늘, 언제나, 항상 | 音楽 음악 04 馬 말 | 乗る 타다 | 海外旅行 해외여행

연습 문제

실력을 확인해 보세요.

1 ひらがな（下線部）の ところを 漢字で 書いて ください。

① ふるい （　　　）　② つたえる （　　　）　③ ひがし （　　　）

④ ちゅうしん （　　　）　⑤ せかい （　　　）　⑥ へんじ （　　　）

2 漢字の ところ（下線部）の 読み方を ひらがなで 書いて ください。

① 麺づくり （　　　）　② 現在 （　　　）　③ 普及する （　　　）

④ 昔 （　　　）　⑤ 驚く （　　　）　⑥ 国民食 （　　　）

3 ＿＿＿に、適当な 語を 選んで、文を 完成させて ください。

（いまでも／いまでは／すると／さて）

① その ころの ことを ＿＿＿＿＿＿＿ はっきり 覚えて います。
② ＿＿＿＿＿＿＿ 小学生でも 携帯電話を 持って いる。
③ 天気予報を 終わります。＿＿＿＿＿＿＿ 今日の ニュースですが、……
④ ドアを 開けた。＿＿＿＿＿＿＿ 李さんが 立って いた。

Part 06

4 （ ）に 助詞（ひらがな一字／要らないときは×）を 入れて ください。

① 麺づくり（ ） 奈良時代（ ） 日本（ ） 伝えられた。
② あなた（ ） 奥さん（ ）こと（ ） 何（ ） 呼んで いますか。
③ 私（ ） 日本（ ） 来た（ ）は、一年前（ ） ことです。
④ 日本（ ）は 世界各国（ ） 料理（ ） 食べる こと（ ） できる。

5 語の 形を 変えて 文を 作って ください。

① 田中さんから （聞きました→　　　　　　）話では、木村さんは 病気で（入院して います→　　　　　　　　　）そうです。

② ここに 車を （止めます→　　　　　）も （いいです→　　　　　　　）ですか。

③ 留学生の 多くは （アルバイトする→　　　　　　　）ながら、日本語学校や大学に （通う→　　　　　）います。

④ 日本に （いる→　　　　　）ころ、富士山に （登る→　　　　　）ことが ある。

---

3 覚える 기억하다 | ドア 문 　4 世界各国 세계 각국
5 病気 병 | 入院する 입원하다 | 通う 다니다 | ころ 때, 무렵 | 登る 오르다

● 다음 질문을 읽고 이야기해 봅시다.

1　あなたの　国では　どんな　麺が　よく　食べられて　いますか。

2　あなたは　週に　何回ぐらい　麺を　食べますか。

3　あなたの　国と　日本と、麺の　食べ方に　どんな　違いが　ありますか。

4　あなたは　日本料理と　聞いて、どんな　料理を　思い浮かべますか。

5　あなたの　国の　代表的な　食べ物は　なんですか。

思い浮かべる 떠올리다, 회상하다 ｜ 代表的(な) 대표적(인)

Part 07

病院に行く
병원에 가다

★ 독해 어휘 **길라잡이**

不安 불안 | この間 전날, 일전, 요전 | 歯科医院 치과 | 国民健康保険証 국민건강 보험증 | 受付 접수 | 済ませる 끝내다, 마치다, 해결하다 | 診察室 진찰실 | 診る 진찰하다 | 虫歯 충치 | レントゲン撮影 X선 촬영 | 設備 설비 | サービス 서비스 | 国民皆保険制度 국민개보험 제도 | 滞在する 체재하다, 체류하다 | 加入する 가입하다 | 医療費 의료비 | 払う 지불하다, 내다 | ~で済む ~로 끝나다, ~로 해결되다 | 留学生ビザ 유학생 비자 | 適用する 적용되다, 적용하다 | 戻る 되돌아오다, 되돌아가다 | 負担 부담

55

Part 07 病院に行く

私たちが外国で生活していて、一番不安なことは、「もし病気になったらどうしよう？」ということではないでしょうか。

私もこの間歯が痛くなったので、学校を休んで歯科医院に行きました。窓口で国民健康保険証を渡して、受付を済ませました。診察室に入ると、医者は私の歯を診ながら、「虫歯ですね。レントゲン撮影をして詳しく診てみますが、たぶん歯を抜かなければならないでしょう」と言いました。それから何回か歯科医院に通って歯を治しましたが、日本の病院は設備もサービスもとてもいいと思いました。

さて、日本は誰もがどれかの医療保険に加入する国民皆保険制度の国で、1年以上日本に滞在する留学生も加入しなければならないことになっています。この国民健康保険に入っていれば、医療費の30％を払うだけで済むのです。例えば、国民健康保険制度がないアメリカでは、歯を一本抜くだけでも6〜7万円はかかるのですが、日本では10分の1の7000円で済みます。しかも、留学生ビザの学生の場合は医療費の補助制度が適用されて、払った医療費の80％（2004年度）が後で戻ってきますから、実際の医療費負担は6％で済むのです。

● 독해문을 읽고 다음 빈 칸을 채우세요.

Part 07

1 外国の 人が 日本で 暮らして いて、一番 不安に 思う ことは 何ですか。
   _____ ことです。

2 はじめて 病院に 行った とき、病院の 窓口で どう しますか。
   _____。

3 この 人は 日本の 病院は どうだと 言って いますか。
   _____て、_____と 言って います。

4 国民皆保険制度というのは どのような 制度の ことですか。
   _____制度の ことです。

5 国民健康保険に 加入しなければ ならないのは どんな 留学生ですか。
   _____です。

6 国民健康保険に 加入して いると、医療費が どの くらい 安く なりますか。
   _____。

7 医療費補助制度が 適用されると、どう なりますか。
   _____。

문형 연습

● ⓐ~ⓑ 문장을 완성하세요.

助詞を 入れ、動詞・形容詞を 適当な 形に して 文を 作りましょう。

01 〜くなる ~해지다, ~하게 되다

⋯▶ 歯が 痛くなったので、学校を 休んで 病院に 行きました。
이가 아파서 학교를 쉬고 병원에 갔습니다.

ⓐ 私は（大きい、なる）ら、（歯医者、なる）たいです。

ⓑ（遅い、なる）ときは、（必ず、電話する）くださいね。

02 〜て みる ~해 보다

⋯▶ レントゲン撮影を して、詳しく 診て みますが……
X선 촬영을 해서 자세하게 진찰해 보겠지만……

ⓐ（おいしいです）どうか、（食べます、みます）ら わかります。

ⓑ 店員さん、（この、スカート、はきます、みます）も いいですか。

Part 07

03 〜だろう／〜でしょう ~일 것이다 / ~이겠지요, ~일 겁니다

⋯▶ たぶん 歯を 抜かなければ ならないでしょう。
아마도 이를 뽑아야 할 겁니다.

ⓐ (星、出ます) いますから、(明日、たぶん、晴れます) でしょう。

_____

ⓑ (明日、なります) ば、(結果、わかります、でしょう) と 思います。

_____

04 〜ば／〜なければ ~하면 / ~하지 않으면

⋯▶ もし 健康保険に 加入して いれば……
만약 건강보험에 가입했으면……

ⓐ (今度、日曜日、天気、よい) ば、(友だち、ハイキング、行く) と
思って いる。

_____

ⓑ (めがね、かける) なければ、(小さい、字、読めない) なった。

_____

---

01 遅い 늦다 | 必ず 반드시, 꼭 02 スカート 스커트 | はく 입다, 신다 03 星 별 | 晴れる 개다 | 結果 결과
04 ハイキング 하이킹 | めがね 안경 | かける 끼다, 걸다

연습 문제

● 실력을 확인해 보세요.

1 ひらがな（下線部）の ところを 漢字で 書いて ください。

① がいこく　　　② びょうき　　　③ はが いたい
（　　　）　　　　（　　　）　　　　（　　）（　　）

④ くわしい　　　⑤ かよう　　　　⑥ かにゅうする
（　　　）　　　　（　　　）　　　　（　　　　　）

2 漢字の ところ（下線部）の 読み方を ひらがなで 書いて ください。

① 不安　　　　　② 窓口　　　　　③ 国民健康保険証
（　　　）　　　　（　　　）　　　　（　　　　　　　）

④ 撮影する　　　⑤ 滞在する　　　⑥ 医療費
（　　　）　　　　（　　　）　　　　（　　　　）

3 ＿＿＿＿に、適当な 語を 選んで、文を 完成させて ください。

（もし／たぶん／それから／しかも）

① 彼女は 美しくて、＿＿＿＿＿＿＿頭（あたま）が いい。

② ＿＿＿＿＿＿＿1億円（おくえん） あったら、あなたは 何を しますか。

③ 明日は 彼と 映画を 見て、＿＿＿＿＿＿ 食事する つもりです。

④ ＿＿＿＿＿＿ 彼は もう 学校に いないだろうと 思います。

Part 07

4 （ ）に 助詞（ひらがな一字／要らないときは×）を 入れて ください。

① 海外旅行（　）は 飲み水（　） 気（　）つけましょう。

② 父（　） 病気（　） 病院（　） 入院して います。

③ 昨夜（　）（　）風邪（　） 熱（　）あるんです（　）、
　 会社（　） 休ませて いただけませんか。

④ 体（　） 悪い（　）（　）、タバコ（　） やめた 方（　） いいよ。

5 語の 形を 変えて 文を 作って ください。

① せきが （止まりません→　　　　　）んですが、何科に （行きます
　 →　　　　　　）ら いいですか。

② もし 何か （心配だ→　　　　　） ことが （ある→　　　　　）ば
　 話して ください。

③ 寒さも （厳しい→　　　　　）（なる→　　　　　） きましたが、先
　 生、お変わりありませんか。

④ （会います→　　　　　）（みません→　　　　　）ば、どんな 人か
　 （わかりません→　　　　　）でしょう。

---

4 昨夜 어젯밤　5 心配 걱정 ｜ お変わりありませんか 별고 없으십니까?

말하기  ● 다음 질문을 읽고 이야기해 봅시다.　　　　　Part 07

1　あなたは　今までに　どんな　病気に　なりましたか。

2　あなたは　今までに　どんな　けがを　しましたか。

3　あなたは　病気か　けがで　入院した　ことが　ありますか。

4　あなたの　国にも　国民健康保険の　ような　制度が　ありますか。

5　あなたは　健康の　ために、どんな　ことに　気を　つけて　いますか。

けが 부상, 다침 ｜ 気をつける 주의하다, 조심하다

Part 08

美容院(びよういん)に 行(い)く
미용실에 가다

★ 독해 어휘 길라잡이

理髪店(りはつてん) 이발소 | 美容院(びょういん) 미용실 | カット 커트 | パーマ 파마 | ～をお願(ねが)いします ~를 부탁합니다 | 希望(きぼう) 희망 | 挙(あ)げる 예를 들다, 팔을 들다 | 予約(よやく)する 예약하다 | セットする 다듬다, 세팅하다 | 髪(かみ)を染(そ)める 머리를 염색하다 | 肩(かた)にかかる 어깨에 걸리다 | 耳(みみ) 귀 | 隠(かく)れる 숨다 | 眉(まゆ) 눈썹 | ヘアスタイル 헤어스타일 | 載(の)る 실리다 | ファッション雑誌(ざっし) 패션 잡지 | 髪型(かみがた) 머리 모양 | 価格(かかく) 가격 | 別料金(べつりょうきん) 별도 요금 | 大学生協(だいがくせいきょう) 대학 매점 | 半額(はんがく) 반액, 반값

Part 08 美容院に 行く

　日本の 理髪店や 美容院に 行くと、「今日は どう なさいますか？」と 聞かれますから、その 時は 「カットと パーマを お願いします」の ように 希望を 言いましょう。

　よく 使う 表現を 挙げて おきます。

1　予約できますか。

2　カットと パーマを お願いします。

3　セットして ください。

4　髪を 染めて ください。

5　肩に かかる（横は 耳が 出る・隠れる／前髪は 眉が 隠れる）くらいに 切って ください。

＜ファッション雑誌＞

　どう 言って いいのか わからない ときは、ヘアスタイルが 載った ファッション雑誌の 写真を 見せながら、「こんな 髪型に して いただけませんか」と 言うと いいでしょう。

　価格は いろいろですが、カット、洗髪、セットを して もらった 場合、平均して 3500円ぐらいでしょう。なお、パーマや 髪染めは 別料金に なります。この ように 決して 安くありませんが、最近 カットだけなら 1000円で して くれる ヘアカット専門店も 増えて いますし、留学生なら 大学構内に ある 大学生協の 理髪店を 使えば 半額で 済みます。

Part 08

1 理髪店や 美容院は 何を する ところですか。
　_____たり_____たりする ところです。

2 「カットする」と いうのは どう いう 意味ですか。
　_____と いう 意味です。

3 髪型を 整える ことを 何と 言いますか。
　_____と 言います。

4 髪型と 同じ 意味で 使われて いる 語は なんですか。
　_____です。

5 希望の 髪型を 上手に 伝えられない とき、どう すれば いいと 言って いますか。
　_____と 言って います。

6 最近 どんな お店が 増えて いますか。
　_____増えて います。

7 大学生協の 理髪店の 価格は どの くらいですか。
　_____の_____ぐらいです。

整える 가지런히 하다, 정돈하다 ｜ 上手 잘하다, 능숙하다

문형 연습

ⓐ~ⓑ 문장을 완성하세요.

助詞を 入れ、動詞・形容詞を 適当な 形に して 文を 作りましょう。

01 〜と（接続助詞） ~면, ~하면(접속조사)

⋯▶ 日本の 理髪店や 美容院に 行くと、「……」と 聞かれます。
일본의 이발소나 미용실에 가면 '……'라고 물어 봅니다.

ⓐ （まっすぐ、行きます）と、（右側、郵便局） 見えます。
_____

ⓑ （留学生です）と、（学費、30%、ぐらい、安いです）なります。
_____

02 〜くらい（程度） ~만큼, ~쯤(정도)

⋯▶ 前髪は 眉が 隠れるくらいに 切って ください。
앞머리는 눈썹이 가려질 정도로 잘라 주세요.

ⓐ （私、釣りました） 魚は、（これ、くらい） 大きさでした。
_____

ⓑ （あの、二人）は、（双子です）かと （思います）くらい よく
似て いた。
_____

03 〜て いただけませんか ~해 주시겠습니까?(해 주실 수 없겠습니까?)

→ この ような 髪型(かみがた)に して いただけませんか。
이런 머리 모양으로 해 주시겠습니까?

ⓐ (ここ、タバコ、吸(す)います)を (やめます)て いただけませんか。
_____

ⓑ (すてきだ、帽子(ぼうし))ですね。(どこ、売(う)って います) 教えて いただけませんか。
_____

04 〜し ~하고(열거의 의미), ~한데다

→ カットだけなら 1000円で して くれる ヘアカット専門店(せんもんてん)も どんどん 増(ふ)えて いますし、大学生協の 理髪店を 使えば……
커트만 할 경우에는 1,000엔에 해 주는 헤어커트 전문점도 점점 늘어나고 있고, 대학 매점의 이발소를 이용하면……

ⓐ 彼は (まじめです)し、(勉強、よい、できます) 学生です。
_____

ⓑ (この、かばん、軽(かる)い)し、(じょうぶだ)ので、とても (使う)やすい。

---

01 郵便局(ゆうびんきょく) 우체국 | **02** 双子(ふたご) 쌍둥이 | 似(に)る 닮다, 비슷하다 | **03** やめる 그만두다 | すてき(な) 멋(진) | 売(う)る 팔다
04 増(ふ)える 늘다, 증가하다 | まじめ(な) 성실(한) | じょうぶ(な) 튼튼(한), 건강(한)

연습 문제

실력을 확인해 보세요.

1 ひらがな（下線部）の ところを 漢字で 書いて ください。

① きぼう　　　　② おねがいします　　③ みみが でる
（　　　）　　　（　　　　）　　　　（　　）（　　）

④ ざっし　　　　⑤ しゃしん　　　　　⑥ ばあい
（　　　）　　　（　　　　）　　　　（　　　　）

2 漢字の ところ（下線部）の 読み方を ひらがなで 書いて ください。

① 美容院　　　　② 表現　　　　　　　③ 髪を 染める
（　　　）　　　（　　　　）　　　　（　　）（　　）

④ 眉が 隠れる　　⑤ 別料金　　　　　　⑥ 大学生協
（　）（　　）　　（　　　　）　　　　（　　　　　）

3 ＿＿＿＿に、適当な 語を 選んで、文を 完成させて ください。
（どう／どんな／どうして／どんなに）

① ＿＿＿＿＿＿ ヘアスタイルに しましょうか。

② ＿＿＿＿＿＿ すれば、許して いただけるんですか。

③ 昨日は ＿＿＿＿＿＿ 会社を 休んだんですか。

④ ＿＿＿＿＿＿ 苦しくても、最後まで がんばります。

Part 08

4 （　）に　助詞（ひらがな一字／要らないときは×）を　入れて　ください。

① ビール（　）　一本（　）　焼き鳥（　）　五本（　）　お願いします。

② この（　）　漢字（　）　何（　）　読むんですか。

③ 電気（　）　消えて　いる（　）（　）、誰（　）　いない（　）　思う。

④ 耳（　）　出るくらい（　）　長さに　髪（　）　切って　ください。

5 語の　形を　変えて　文を　作って　ください。

① パスポートが（ありません→　　　　　）と、海外に（行きます→
　　　　　　　）ことは　できません。

② （海だ→　　　　　）かと（思います→　　　　　）くらい、大きな　湖だった。

③ 日本語で　手紙を（書きました→　　　　　）んですが、ちょっと
（見ます→　　　　　）いただけませんか。

④ 美子さんの　ご主人は（ハンサムだ→　　　　　）し、
（やさしい→　　　　　）し、それに　料理も　上手です。

---

3 許す 용서하다, 허락하다 ｜ 苦しい 괴롭다, 고통스럽다 ｜ がんばる 노력하다, 분발하다　4 焼き鳥 닭 꼬치 ｜ 漢字 한자
5 パスポート 여권 ｜ 湖 호수 ｜ ハンサム(な) 잘 생(긴)

● 다음 질문을 읽고 이야기해 봅시다.

Part 08

1　あなたは　一年に　何回くらい　理髪店（美容院）に　行きますか。

2　あなたは　一週間に　何回くらい　髪を　洗いますか。

3　あなたは　長い　髪と　短い　髪と　どちらが　好きですか。

4　あなたは　今　髪を　染めて　いますか。

5　あなたの　国で、カット、洗髪、セットを　した　場合、どの　くらい　かかりますか。

Part 09

フリー・マーケット
프리마켓

★ **독해 어휘 길라잡이**

手に入れる(入る) 손에 넣다(들어오다) | 台所用品 부엌 용품 | 日用雑貨 일용잡화 | 100円ショップ 100엔 숍 | ほとんど 대부분, 거의 | そろう 갖추어지다, 모이다 | おすすめ 추천 | フリー・マーケット 프리마켓 | リサイクル 재활용 | 市場 시장 | リサイクル・ショップ 재활용품점 | 交渉する 교섭하다 | かなり 꽤, 상당히 | 出かける 나가다, 외출하다 | 掘り出し物 의외로 싸게 산 물건, 귀한 물건 | ～かもしれない ~일지도 모르다 | 情報 정보 | 粗大ゴミ 대형 쓰레기, 대형 폐기물 | ただ 공짜, 거저 | 再利用する 재이용하다, 다시 사용하다 | ただし 단, 다만 | 断る 거절하다, 양해를 얻다

Part 09 フリー・マーケット

　日本で いい 物を 安く 手に 入れるには どう したら いいでしょうか。台所用品などの 日用雑貨なら、「100円ショップ」が 一番ですね。日本に 来た ばかりで 何も ない ときは「100円ショップ」に 行けば、必要な 物が ほとんど そろいます。

　その 他に おすすめなのが、週末や 祭日に 公園や 区役所・市役所などの 広場で 開かれて いる フリー・マーケットです。

　これは 市民が 使わなく なった 物を 売ったり 買ったりする リサイクルの 市場で、値段も 街の リサイクル・ショップの 半額以下です。売って いる 人も 半分 楽しみで やって いますから、

＜フリー・マーケット＞

「もっと 安くなりませんか？」と 交渉すれば、かなり 安くして くれます。何も 買う 予定が なくても、散歩の つもりで 見物に 出かけたら どうでしょう。掘り出し物が あるかも しれませんよ。

　もう 一つ いい 情報が あります。それは 粗大ゴミの 日に 近所を 歩けば、まだ 使える 家具や 自転車などが 捨てて あり、ただで 手に 入る ことです。使える 物を 再利用するのも りっぱな リサイクルです。ただし、「これ、いただいても いいですか」と 家の 人に 断ってから、持って 行かなければ いけませんよ。

읽고 답하기 ● 독해문을 읽고 다음 빈 칸을 채우세요. Part 09

1 100円ショップと いうのは どんな 店の ことですか。
　　_____ ことです。

2 フリー・マーケットと いうのは なんですか。
　　_____ ことです。

3 フリー・マーケットは どんな ところで いつ 開かれて いますか。
　　_____ います。

4 値段を 安く して もらいたい とき、どう 言ったら いいですか。
　　_____ と 言います。

5 粗大ゴミと いうのは どんな ゴミの ことですか。
　　_____や_____の ような _____ゴミの ことです。

6 粗大ゴミの 中には まだ 使える ものが ありますか。
　　(はい／いいえ)_____ 。

7 捨てて ある 粗大ゴミを もらいたい とき、どう しますか。
　　_____ 。

開く 열다 | 値段 값, 가격 | 捨てる 버리다

문형 연습

ⓐ~ⓑ 문장을 완성하세요.

助詞を 入れ、動詞・形容詞を 適当な 形に して 文を 作りましょう。

01 〜たら いい ~하면 좋다, ~하면 된다

→ いい 物を 安く 手に 入れるには どう したら いいでしょうか。
좋은 물건을 싸게 손에 넣기 위해서는 어떻게 하면 좋을까요?

ⓐ （必要だ、もの、ある）ば、（どれでも、自由だ、持って いく）ら いいよ。

_____

ⓑ （安い、冷蔵庫、ほしい）んですが、（どこ、買う）ら いいですか。

_____

02 〜たばかりだ ~한 지 얼마 안 됐다, 막 ~했다

→ 日本に 来た ばかりで 何も ない ときは、……
막 일본에 도착해서 아무것도 없을 때는……

ⓐ 彼は （今年、春、大学、卒業します）ばかりです。

_____

ⓑ （この、パソコン、一週間前、買います）ばかりなのに、（もう、壊れます）しまいました。

_____

Part 09

03 ～たり ～たりする ~하기도 하고 ~하기도 한다, ~하거나 ~하거나 한다

⋯▶ 使わなくなった ものを 売ったり 買ったりする リサイクルの……
사용하지 않는 물건을 팔거나 사는 재활용……

ⓐ この 夏、(友だち、伊豆、行く)、(海、泳ぐ)り (魚、釣る)りした。

ⓑ (変だ、男、家、前、行く)り (来る)りして いて、(気持ち、悪い)です。

04 ～かも しれない ~일지도 모른다

⋯▶ 掘り出し物が あるかも しれませんよ。
의외로 싸고 좋은 물건이 있을지도 모릅니다.

ⓐ (急ぎます)ば、(まだ、間に 合います)かも しれません。

ⓑ (顔色) 悪いですよ。(病気) かもしれませんから、(病院、診ます、もらいます、方、いいです)んじゃないですか。

---

01 自由(な) 자유로운, 마음대로 | 冷蔵庫 냉장고 | 02 パソコン 개인용 컴퓨터 | 壊れる 고장 나다, 부서지다 | 03 伊豆(地名) 이즈(지명) | 変(な) 이상(한) | 気持ち 기분 | 04 急ぐ 서둘다 | 間に合う 시간에 대다 | 顔色 안색

연습 문제

실력을 확인해 보세요.

1 ひらがな（下線部）の ところを 漢字で 書いて ください。

① だいどころ　　② たのしみ　　③ さんぽ
（　　　）　　　（　　　）　　　（　　　）

④ けんぶつ　　　⑤ はっけん　　⑥ さいりようする
（　　　）　　　（　　　）　　　（　　　　　）

2 漢字の ところ（下線部）の 読み方を ひらがなで 書いて ください。

① 日用雑貨　　　② 祭日　　　　③ 広場
（　　　）　　　（　　　）　　　（　　　）

④ 交渉する　　　⑤ 情報　　　　⑥ 断る
（　　　）　　　（　　　）　　　（　　　）

3 ＿＿に、適当な 語を 選んで 形を 変えて、文を 完成させて ください。
（そろう／でかける／すてる／ことわる）

① 主人（しゅじん）は ＿＿＿＿＿ いて、今 留守（るす）です。

② まだ 使える 物が ＿＿＿＿＿ ある。

③ もう 全員（ぜんいん） ＿＿＿＿＿ ましたか。

④ せっかくの お話ですが、お＿＿＿＿ します。

Part 09

4 （ ）に 助詞（ひらがな一字／要らないときは×）を 入れて ください。

① この 店（ ）は ほしい（ ） もの（ ） 何（ ） ない。
② 安い（ ） 飛行機（ ） チケット（ ） 手（ ） 入れる（ ）は、どう したら いいです（ ）。
③ 秋葉原（ ） 新宿（ ）（ ）の 家電量販店（ ）行けば、市価（ ）2～3割引き（ ） 電気製品（ ） 買う（ ） こと（ ） できる。
④ 今（ ）（ ） 急いでも、約束（ ） 時間（ ） 間（ ） あわない。

5 語の 形を 変えて 文を 作って ください。

① (嫌です→　　　　) なら 嫌だと、はっきり (断ります→　　　　) らいいんだよ。
② (買う→　　　　) ばかりで、まだ 一度も 使って (いる→　　　　)。
③ 私は テレビを (見る→　　　　)り 漫画を (読む→　　　　)り して、日本語の 会話を 覚えました。
④ 今日は (寒いです→　　　　) (なります→　　　　) かもしれない。

---

3 留守 외출하고 집에 없음, 부재중 | 全員 전원　4 チケット 티켓 | 家電量販店 가전 양판점 | 市価 시가 | 割引き 할인
5 嫌(な) 싫은 | 漫画 만화

말하기 • 다음 질문을 읽고 이야기해 봅시다.   Part 09

1. あなたの 町にも 100円ショップの ような 店が ありますか。

2. あなたの 町でも フリー・マーケットが 開かれて いますか。

3. あなたは まだ 使える 不要品を どうして いますか。

4. あなたの 家では テレビや 冷蔵庫が 壊れた とき、修理して 使いますか、それとも 新しい ものを 買いますか。それは どうしてですか。

5. 「リサイクル」と いうのは どういう 意味ですか。

不要品 필요없는 물건 | 修理する 수리하다

Part 10

ゴミの 出し方
쓰레기 버리는 법

★ 독해 어휘 **길라잡이**

困る 곤란하다, 난처하다 | **家庭ゴミ** 가정에서 나오는 쓰레기 | **慣れる** 익숙해지다 | **ゴミ・トラブル** 쓰레기 문제 | **可燃(不燃)ゴミ** 가연성(불에 타지 않는) 쓰레기 | **生ゴミ** 음식물 쓰레기 | **ガラス** 유리 | **資源ゴミ** 재활용 쓰레기 | **ペットボトル** 페트병 | **ビン** 병 | **エアコン** 에어컨 | **分別回収** 분리수거 | **メーカー** 메이커, 제조업체 | **販売店** 판매점 | **引き取る** 인수하다, 떠맡다 | **汚す** 더럽히다 | **減らす** 줄이다 | **エネルギー** 에너지 | **節約** 절약 | **地球** 지구 | **守る** 지키다, 보호하다 | **つながる** 이어지다, 관계가 있다

Part 10 ゴミの 出し方

日本に 住んだ ばかりの 私たち 外国人が 一番 困るのが 家庭ゴミの 出し方です。日本の 生活に 慣れない ために 起こる ご近所との ゴミ・トラブルは とても 多いので、気を つけましょう。

＜燃えるゴミ＞　　＜燃えないゴミ＞

＜資源ゴミ＞

日本では 家庭から 出される ゴミは 可燃ゴミ（魚・野菜などの 生ゴミ、紙くず…）、不燃ゴミ（金属、ガラス、陶磁器…）、粗大ゴミ（家具や 小型家電、自転車…）、資源ゴミ（ペットボトル、古紙、古着、ビン、缶…）の 四つに 分けて、決められた 曜日に、決められた 袋に 入れて、決められた ゴミおき場に 出す ことに なって います。これを 分別回収と 呼んで います。可燃ゴミ、不燃ゴミ、資源ゴミの 回収は 無料ですが、粗大ゴミの 回収は 有料です。また パソコンと、エアコン、テレビ、冷蔵庫、洗濯機の 五つは メーカーや 販売店に 有料で 引き取って もらう ことに なって います。

めんどうだと 思うかも しれませんが、ゴミは 分ければ 資源ですが、分けなければ 環境を 汚すだけの ゴミです。この ゴミを 減らす ことは、エネルギーや 資源の 節約だけで なく、地球環境を 守る ことにも つながって いるのです。

읽고 답하기
● 독해문을 읽고 다음 빈 칸을 채우세요.

Part 10

1　日本に　住み始めた　外国の　人が　一番　困ることは　何ですか。
　　_____です。

2　どうして　ゴミ・トラブルが　起こるのですか。
　　_____からです。

3　不燃ゴミには　どの　ような　ものが　ありますか。
　　_____や、_____、_____などが　あります。

4　台所から　出る　生ゴミは　いつでも　出しても　いいですか。
　　(はい／いいえ)　_____なければ　なりません

5　新聞紙を　まとめて　出すのは、何ゴミの　日ですか。
　　_____です。

6　ゴミの　回収が　有料な　ものに　どんな　ものが　ありますか。
　　_____や、_____、_____などが　あります。

7　分別回収を　行う　目的は　何ですか。
　　_____ためです。

台所 부엌 | まとめる 정리하다, 모으다 | 目的 목적

문형 연습

ⓐ~ⓑ 문장을 완성하세요.

助詞を 入れ、動詞・形容詞を 適当な 形に して 文を 作りましょう。

01 〜方　~하는 (방)법, ~하는 방식

→ 一番 困るのが ゴミの 出し方です。
가장 난처한 것이 쓰레기를 버리는 방법입니다.

ⓐ (誰、この、ファックス、使う) 方を (教える) いただけませんか。
_____

ⓑ (田中先生、話す) 方は、(とても、ていねい、わかる) やすいです。
_____

02 〜られる（受身形）　~당하다(수동형)

→ 家庭から 出される ゴミは……／決められた 曜日に……
가정에서 나오는 쓰레기는…… / 정해진 요일에……

ⓐ 私は (電車、中、隣、人、足) 踏まれました。
_____

ⓑ (テスト、成績、悪い)、(先生) 叱られました。
_____

Part 10

03 ～ことに なる／なって いる ~하게 되다 / ~하게 되어 있다

⋯▶ 決められた ゴミ置き場に 出す ことに なって います。
정해진 쓰레기 버리는 곳에 내놓게 되어 있습니다.

ⓐ (来年、転勤)、(大阪、引っ越します) ことに なりました。

ⓑ (公共、場所、タバコ、吸う)は いけない ことに なって います。

04 ～だけ／～だけで なく ~만, ~뿐 / ~뿐만 아니라

⋯▶ ただ 環境を 汚すだけの ゴミです。
단지 환경을 더럽힐 뿐인 쓰레기입니다.

⋯▶ エネルギーや 資源の 節約だけで なく、地球の……
에너지나 자원 절약뿐만 아니라 지구의……

ⓐ (私、信じられる) は、(あなた) だけです。

ⓑ 彼は (ギター、上手だ) だけ でなく、(歌、とても、上手だ) です。

---

01 ファックス 팩스 | ていねい(な) 정중(한) 02 踏む 밟다 | 叱る 꾸짖다, 야단치다 03 来年 내년 | 転勤 전근 | 引っ越す 이사하다 | 公共 공공 04 信じる 믿다, 신용하다 | ギター 기타

연습 문제
● 실력을 확인해 보세요.

1 ひらがな（下線部）の ところを 漢字で 書いて ください。

① かていゴミ　　　② こまる　　　③ かみくず
（　　　）　　　　（　　　）　　　（　　　）

④ ゆうりょう　　　⑤ ゴミを へらす　⑥ かんきょう
（　　　）　　　　（　　　）　　　（　　　）

2 漢字の ところ（下線部）の 読み方を ひらがなで 書いて ください。

① 慣れる　　　　　② 野菜　　　　　③ 粗大ゴミ
（　　　）　　　　（　　　）　　　（　　　）

④ 資源　　　　　　⑤ 分別回収　　　⑥ 地球
（　　　）　　　　（　　　）　　　（　　　）

3 ＿＿＿に、適当な 語を 選んで、文を 完成させて ください。
（だけ／ばかり／ため／こと）

① 彼女は 勉強が できる＿＿＿＿＿でなく スポーツも できる。

② 今さっき 教えた＿＿＿＿＿なのに、もう 忘れたんですか。

③ 大雪の＿＿＿＿＿に 電車が 止まって います。
　おおゆき

④ パーティーは 木村さんの 家で 開く＿＿＿＿＿に なりました。
　　　　　　　きむら

Part 10

4 （　）に 助詞（ひらがな一字／要らないときは×）を 入れて ください。

① ゴミ（　）四つ（　）分けて、決められた（　）場所（　）出す。

② 日本（　）住んで 半年（　）なります（　）、まだ（　）日本（　）生活（　）慣れません。

③ 道（　）滑りやすいです（　）（　）、運転（　）気（　）つけてくださいよ。

④ 人（　）お金（　）ため（　）だけ 働く（　）では ありません。

5 語の 形を 変えて 文を 作って ください。

① けがを（します→　　　）ために、試合に（出られません

　→　　　　　）なりました。

② 雨に（降る→　　　）、びしょぬれに（なる→　　　）しまった。

③ 未成年者は お酒を（飲みます→　　　）は（いけません

　→　　　　　）ことに なって います。

④ バスが（ない→　　　）ば、（歩く→　　　）行きましょう。

---

3 今さっき 조금 전 ｜ パーティー 파티　4 滑る 미끄러지다 ｜ 運転する 운전하다
5 雨が降る 비가 내리다 ｜ びしょぬれ 흠뻑 젖음 ｜ 未成年者 미성년자

● 다음 질문을 읽고 이야기해 봅시다.

Part 10

1　あなたの　国では　ゴミは　いつでも　出す　ことが　できますか。

2　あなたの　国では　ゴミは　どの　ように　分けて　出しますか。

3　あなたの　国では　ゴミの　回収は　無料ですか。

4　あなたの　家庭から　出る　ゴミの　中で　一番　多いのは　何ですか。

5　地球環境を　守る　ために、私たち　一人一人が　できる　ことに　どんな　ことが　ありますか。三つ　挙げて　ください。

Part 11

あなたは なに年（どし）？

당신은 무슨 띠?

★ 독해 어휘 길라잡이

ねずみ 쥐	干支（えと） 간지	起源（きげん） 기원	生（う）まれ年（どし） 태어난 해	性格（せいかく） 성격
相性（あいしょう） 궁합	良（よ）し悪（あ）し 좋고 나쁨	とら 호랑이, 범	うまくいく 잘 되다
～らしい ~인 듯하다, ~인 것 같다	太陽暦（たいようれき）／太陰暦（たいいんれき） 태양력/태음력	いのしし 멧돼지
いぬ 개	一回（ひとまわ）りする 한 바퀴 돌다	還暦（かんれき） 환갑	贈（おく）る 선물하다, 주다
ちなみに 덧붙여서(말하면), 이와 관련해서	米寿（べいじゅ） 미수	白寿（はくじゅ） 백수
長寿国（ちょうじゅこく） 장수국가	高齢者（こうれいしゃ） 고령자	珍（めずら）しい 드물다, 신기하다

87

Part 11 あなたは なに年?

「あなたは なに年 生まれですか?」と 聞かれて、「ねずみ(鼠)です」と 答える ことが あります。これを 干支と 言いますが、その 起源は 中国に あります。

十二支	訓読	生まれ年
子	ね	ねずみ(鼠)
丑	うし	うし(牛)
寅	とら	とら(虎)
卯	う	うさぎ(兎)
辰	たつ	たつ(竜)
巳	み	へび(蛇)
午	うま	うま(馬)
未	ひつじ	ひつじ(羊)
申	さる	さる(猿)
酉	とり	とり(鶏)
戌	いぬ	いぬ(犬)
亥	い	いのしし(猪)

昔から その 人の 生まれ年で 性格が わかるとか、結婚相手との 相性の 良し悪しが 干支で わかるとか 言われて います。ほんとうかどうか 知りませんが、ねずみ年の 人と とら年の 人は 相性が よく、結婚すると うまく いくらしいです。

さて、日本では 太陽暦で 新年を 祝いますが、干支も 太陽暦で 言いますから、太陰暦で 干支を 言う 中国と 違って くる ことが あります。例えば、2007年 1月3日 生まれの 人は 日本では いのしし年です。しかし、中国では まだ 太陰暦の 正月に なって いないので、いぬ年と いう ことに なります。

この 干支が 一回りする 満60歳が 還暦で、お祝いに 本人に 赤色の 服を 贈ります。ちなみに 米寿(88歳)には 金色の 服を、白寿(99歳)には 白い 服を 贈ります。日本は 世界一の 長寿国なので、100歳を 越す 高齢者も 珍しくありません。

● 독해문을 읽고 다음 빈 칸을 채우세요.

1 干支は どこから 日本に 伝えられましたか。
　＿＿＿＿＿＿＿＿＿＿＿＿＿＿＿＿＿＿伝えられました。

2 来年は なに年に なりますか。
　＿＿＿＿＿＿＿＿＿＿＿＿＿＿＿＿＿＿なります。

3 誕生日が 2010年5月11日の 人は 日本では なに年 生まれですか。
　＿＿＿＿＿＿＿＿＿＿＿＿＿＿＿＿＿＿生まれです。

4 還暦は 何歳ですか。
　＿＿＿＿＿＿＿＿＿＿＿＿＿＿＿＿＿＿です。

5 どうして 還暦と 言われるのですか。
　＿＿＿＿＿＿＿＿＿＿＿＿＿＿＿＿＿＿＿＿＿＿＿＿からです。

6 日本では 旧暦で お正月の お祝いを しますか。
　（はい／いいえ）、＿＿＿＿＿＿＿＿で お祝いします。

7 あなたは どうして 88歳の 人を 米寿と いうか 知って いますか。
　（はい／いいえ）、＿＿＿＿＿＿＿＿＿。
　それは＿＿＿＿＿＿＿＿＿＿＿＿＿＿＿＿＿＿＿からです。

문형 연습

ⓐ~ⓑ 문장을 완성하세요.

助詞を 入れ、動詞・形容詞を 適当な 形に して 文を 作りましょう。

01 ～る ことが ある ~하는 일(때가, 경우가) 있다

⋯▶ 「私は ねずみです」と 答える ことが あります。
'나는 쥐띠입니다'라고 대답할 때가 있습니다.

ⓐ (ときどき、図書館、田中さん、会う) ことが あります。

―――――――――――――――――――――――――

ⓑ (たまに、息子、いっしょ、酒、飲む、行く) ことが ある。

―――――――――――――――――――――――――

02 ～とか ～とか ~라든가 ~라든가, ~든지 ~든지

⋯▶ その 人の 生まれ年で 性格が わかるとか、結婚相手との 相性の 良し悪しが 干支で わかるとか 言われて います。
그 사람이 태어난 해로 성격을 알 수 있다든가 결혼 상대와 궁합이 좋고 나쁨을 간지로 알 수 있다고 합니다.

ⓐ (日本料理、中)は、(お寿司、とか、天ぷら、とか) 好きですね。

―――――――――――――――――――――――――

ⓑ (うし年、生まれた、人、辛抱強いです)とか 言われます。

―――――――――――――――――――――――――

Part 11

03 ～らしい ~인 듯하다, ~인 것 같다

→ ……相性が　よく、結婚すると、うまく　いくらしいです。
궁합이 좋아서 결혼하면 잘 사는 것 같습니다.

ⓐ (この、手紙) よると、(木村先生、病状、あまり、よい) らしい。
_____

ⓑ (友だち、話) は、(孫さん、とても、元気だ) らしい。
_____

04 ～ので ~이므로, ~때문에, ~라서

→ 中国では　まだ　太陰暦の　正月に　なって　いないので、……
중국에서는 아직 태음력의 설이 되지 않았으므로……

ⓐ (今日、日曜日) ので、(彼、たぶん、家、います) と　思います。
_____

ⓑ (体、調子、悪いです) ので、(病院、診ます、もらいます)　ことに　しました。
_____

---

01 たまに 때로는, 이따금 | 息子 아들 | 02 お寿司 초밥 | 天ぷら 튀김 | 辛抱強い 참을성이 많다
03 病状 병상, 병세 | 元気(な) 건강(한) | 04 体 몸 | 調子 상태, 기색, 태도

연습 문제

● 실력을 확인해 보세요.

1 ひらがな（下線部）の ところを 漢字で 書いて ください。

① うまれどし　　② せいかく　　③ けっこん
　（　　　）　　　　（　　　）　　　　（　　　）

④ しんねん　　　⑤ いわう　　　⑥ しょうがつ
　（　　　）　　　　（　　　）　　　　（　　　）

2 漢字の ところ（下線部）の 読み方を ひらがなで 書いて ください。

① 干支　　　　② 起源　　　　③ 相性
　（　　　）　　　（　　　）　　　（　　　）

④ 太陽暦　　　⑤ 一回りする　⑥ 長寿
　（　　　）　　　（　　　）　　　（　　　）

3 ＿＿＿＿に、適当な 語を 選んで、文を 完成させて ください。
（たとえば／さて／しかし／ちなみに）

① 日本には 美しい 都市（とし）が ある。＿＿＿＿＿＿ 京都（きょうと）や 奈良（なら）だ。

② 金は ある。＿＿＿＿＿＿ 君に 貸（か）す 金は ないね。

③ ＿＿＿＿＿＿ 話は 変わりますが、私の 学校では 今年から……

④ 佐藤（さとう）先生を 紹介（しょうかい）します。＿＿＿＿＿＿ 佐藤先生は 本校（ほんこう）の 出身（しゅっしん）で、みなさんの 先輩（せんぱい）です。

Part 11

4 （　）に 助詞（ひらがな一字／要らないときは×）を 入れて ください。

① 日本料理（　）は お寿司（　）（　）天ぷら（　）（　）が 好きです。

② 旅行（　）行ける（　）どう（　）、まだ（　）わかりません。

③ 私（　）国（　）は 太陰暦（　）正月（　）祝います。

④ 二人（　）結婚祝い（　）、何（　）贈る こと（　）したの？

5 語の 形を 変えて 文を 作って ください。

① 今も たまに 多摩川へ 魚を（釣る→　　　）に（行く→　　　）ことがある。

② （いいです→　　　）とか、（悪いです→　　　）とか みんなの意見が 一つに ならない。

③ まだ 11月の（中旬→　　　）のに、北海道では もう 初雪が（降る→　　　）らしい。

④ 今は ちょっと（忙しいです→　　　）ので、後で（電話します→　　　）くれませんか。

---

3 本校 본교 ｜ 先輩 선배　5 意見 의견 ｜ 中旬 중순 ｜ 初雪 첫눈

말하기 ● 다음 질문을 읽고 이야기해 봅시다. Part 11

1　あなたの　国でも　干支が　使われますか。

2　あなたは　干支で　言うと、なに年　生まれに　なりますか。

3　あなたの　国では　新年を　太陽暦で　祝いますか。

4　あなたの　国では　どの　ような　長寿の　お祝いが　ありますか。

5　あなたの　国では、長寿の　お祝いには　どんな　ことを　しますか。

Part 12

日本人と お花見

일본인과 꽃구경

★ 독해 어휘 길라잡이

どんちゃん騒ぎ 술을 마시며 야단법석을 떪 | 宴会風景 연회 풍경 | 元々 원래
平安貴族 헤이안 시대의 귀족 | 観賞する 감상하다 | 宮廷行事 궁궐 행사
庶民 서민 | 士農工商 사농공상 | 身分制度 신분 제도 | 縛る 얽매이다, 묶다
エネルギー 에너지 | 爆発する 폭발하다 | 受け継ぐ 이어받다, 계승하다 | 飲めや歌え 부어라 마셔라 하며 흥겹게 술을 마시는 것 | 警官 경찰 | 積もる 쌓이다, 많이 모이다 | 不満 불만 | 発散する 발산하다 | ストレス 스트레스 | 解消する 해소하다 | 春の訪れ 봄이 오는 것 | 喜ぶ 기뻐하다, 즐거워하다

先週の日曜日、井の頭公園へ友だちと花見に行った。そこで私が見たのはどんちゃん騒ぎの宴会風景だった。

花見というのは元々平安貴族が花を観賞する宮廷行事だったが、江戸時代には庶民の間に広まり、士農工商という身分制度に縛られた町人たちが、そのエネルギーを爆発させる年に一度の大宴会の行事に変わったそうだ。それが現代の日本にも受け継がれているという。

<花見風景>

「どうして日本人は桜の木の下で飲めや歌えの騒ぎをするんですか。私の国では、公園でこんな騒ぎをしたら、すぐに警官が飛んできますよ」と友だちに言うと、「日本人は昔も今も、上下関係の厳しい社会の中で暮らしているから、お花見のときは積もった不満を発散させて、ストレスを解消しているんじゃないか」という返事だった。

しかし、私の目には花見をしている日本人は、とても楽しそうで、家族や仲間で心から春の訪れを喜んでいるように見えた。

● 독해문을 읽고 다음 빈 칸을 채우세요.

Part 12

1 日本で 花見と いうと、何の 花を 見て 楽しむ ことですか。
   _____です。

2 現代の ような 花見に なったのは、いつの 時代の ことですか。
   _____です。

3 その 時代には どの ような 身分制度が ありましたか。
   _____という_____が ありました。

4 この 人の 国の 公園では、日本の 花見の ような 大騒ぎを したら どう なると 言って いますか。
   _____と 言って います。

5 この 人の 友だちは、どうして 日本人が 花見で 大騒ぎを すると 考えて いますか。
   _____ためだろうと 考えて います。

6 この 人は 日本人が 花見を して いるのを 見て、どう 思いましたか。
   _____ように 思いました。

97

문형 연습

ⓐ~ⓑ 문장을 완성하세요.

助詞を 入れ、動詞・形容詞を 適当な 形に して 文を 作りましょう。

01 〜が 〜のは、〜   ~가 ~것은

→ そこで 私が 見たのは、どんちゃん騒ぎの 宴会風景だった。
거기서 내가 본 것은 술을 마시며 야단법석을 떠는 연회 풍경이었다.

ⓐ （あなた、探して います）のは、（どんな、色、財布）ですか。
_____

ⓑ （私、日本、留学しました）のは、（日本語、学びます）ためです。
_____

02 〜たら   ~하면, ~했더니

→ 私の 国で こんな 騒ぎを したら、すぐに 警官が……。
우리나라에서 이런 소동을 벌이면 즉시 경찰이……

ⓐ （明日、晴れる）ら、（公園、花見、行く）と 思って います。
_____

ⓑ （もし、カメラ、必要だ）ら、（私の、貸す）あげますよ。
 遠慮なく お （使う）ください。
_____

Part 12

03 〜んじゃないか ~하는 거 아닐까

→ ……不満を 爆発させて、ストレスを 解消して いるんじゃないか。
…… 불만을 폭발시키고 스트레스를 해소하는 것이 아닐까?

ⓐ (この、アパート、駅、近いです) から、(家賃、高いです) んじゃないだろうか。

_____

ⓑ もしかしたら (山田さん、まだ、この、こと、知りません) んじゃないでしょうか。

_____

04 〜そうだ (様態) ~인 듯하다, ~해 보이다, ~것 같다(양태)

→ 花見を して いる 日本人は、とても 楽しそうだ。
꽃구경을 하는 일본인은 무척 즐거워 보였다.

ⓐ (おいしい、そうだ、お菓子) ですね。(一つ、いただく) も いいですか。

_____

ⓑ (空、暗い、なる) きました。(雨、なる) そうですね。

_____

---

01 探す 찾다 | 財布 지갑 **02** カメラ 카메라 | 遠慮なく 사양하지 말고 **03** もしかしたら 어쩌면
04 お菓子 과자 | いただく 먹다, 받다 | 暗い 어둡다

연습 문제 ● 실력을 확인해 보세요.

1 ひらがな（下線部）の ところを 漢字で 書いて ください。

① せんしゅう　　② ぎょうじ　　③ けいかん
（　　　）　　　（　　　）　　　（　　　）

④ しゃかい　　　⑤ かぞく　　　⑥ こころ
（　　　）　　　（　　　）　　　（　　　）

2 漢字の ところ（下線部）の 読み方を ひらがなで 書いて ください。

① 宴会風景　　② 庶民　　③ 士農工商
（　　　）　　（　　　）　　（　　　）

④ 上下関係　　⑤ 厳しい　　⑥ 仲間
（　　　）　　（　　　）　　（　　　）

3 ＿＿＿に、適当な 語を 選んで 形を 変えて、文を 完成させて ください。
（しばる／うけつぐ／つもる／よろこぶ）

① 窓を 開けると、雪が ＿＿＿＿＿＿ いた。
② 規則に ＿＿＿＿＿＿、自由が ない。
③ 早く 母が ＿＿＿＿＿＿ 顔が 見たいです。
④ 私は 卒業したら、父の 会社を ＿＿＿＿＿＿ つもりです。

Part 12

4 （ ）に 助詞（ひらがな一字／要らないときは×）を 入れて ください。

① 君（ ）見た（ ）いう（ ）は、この（ ）写真（ ）男ですか。

② 朝（ ）公園（ ）散歩する（ ）は 気持ち（ ）いいです。

③ あなた（ ）の 愛（ ）今（ ）昔（ ）変わりません。

④ 心（ ）（ ）お二人（ ）幸せ（ ）祈って います。

5 語の 形を 変えて 文を 作って ください。

① （電話します→　　　　）ながら、（運転します→　　　　）のは 危ないですよ。

② （ほしい→　　　　）ば、どうぞ ご自由に お（持つ→　　　　）ください。

③ 欠点が 一つも（ありません→　　　　）ような 人間は（いません→　　　　）んじゃないだろうか。

④ 先生に お（会う→　　　　）しましたが、とても お（元気だ→　　　　）そうでした。

---

3 規則 규칙　4 君 자네, 너｜幸せ 행복｜祈る 빌다, 기원하다　5 危ない 위험하다｜欠点 결점｜人間 인간

말하기 · 다음 질문을 읽고 이야기해 봅시다.

Part 12

1　日本の 国花は 桜ですが、あなたの 国の 国花は 何ですか。

2　あなたの 国にも 日本の お花見の ような 行事が ありますか。

3　あなたの 国では 春の 訪れを 祝う どんな 行事が ありますか。

4　あなたの 国でも、公園の ような 屋外で 飲めや 歌えの 宴会を 開く ことが ありますか。あれば、紹介して ください。

5　あなたは 日本人の お花見の 風習を どう 思いますか。

国花 국화 ｜ 屋外 옥외

Part 13

「あなた」は ていねい？
'당신'은 정중한가?

★ 독해 어휘 길라잡이

ある日 어느 날 | 担任 담임 | 教授 교수 | メールアドレス 메일 주소 | 一瞬 한순간, 일순간 | 嫌(な) 싫(은), 언짢(은) | 笑顔 웃는 얼굴 | 目上／目下 윗사람/아랫사람 | ～てはいけない ~해서는 안 된다 | (1年)ほど (1년)쯤, 정도 | ～てきた ~해 왔다 | 教わる 배우다, 가르침을 받다 | ～ても ~해도 | 失礼(な) 실례(인) | 表現 표현 | 同等 동등 | ～かまたは ~이거나 또는 | 以下 이하 | 指示する 지시하다 | 気がつく 깨닫다, 생각나다, 주의가 미치다 | ～まま ~한 채 | 恥ずかしさ 창피, 부끄러움

Part 13 「あなた」は ていねい？

　私は ある 日 担任の 木村教授に、「あなたの メールアドレスを 教えて ください」と 言った ことが ある。その 教授は 一瞬 嫌な 顔を したが、すぐに 笑顔で 「ユさん、『あなた』とか 『～してください』とかは、目上の 人には 決して 使っては いけない 言葉なんですよ」と 教えてくださった。

　私は 自分の 国で 一年ほど 日本語を 勉強して きたが、そんな ことを 教わった ことは なかった。しかし、「あなた」や 「～して ください」と いう 言葉は 文法的には 正しくても、目上の 人に 使うと、とても 失礼な 表現だったのだ。

普通	改まった 言い方
わたし	わたくし
いま	ただいま
ちょっと	少々
あの人	あの方
だれ	どなた
どこ	どちら
どう	いかが
どっち	どちら
いくら	いかほど

　教授の 話では、「あなた」と いうのは 自分と 同等か、または それ 以下の 人にしか 使っては いけない 言葉で、この ような 場合は、「○○先生」とか 「○○教授」の ように 言わなければ ならなかった。また、「～して ください」も 目上の 人が 目下の 人に 指示する ときに 使う 言葉で、この ような 場合、「先生の メールアドレスを 教えて いただけませんか」と 言わなければ ならなかった。

　今まで 気が つかない まま 使って きたのだが、教授の 話を 聞いて、私は 恥ずかしさで 顔が 赤くなった。

읽고 답하기

● 독해문을 읽고 다음 빈 칸을 채우세요.

Part 13

1 木村教授は 「あなたの メールアドレスを 教えて ください」と 言われた とき、どんな 気持ちが しましたか。
_____気持ちが しました。

2 日本語の 「あなた」は、誰にでも 使える 言葉ですか。
(はい／いいえ) _____。

3 この 人は 日本へ 来る 前、どの くらい 日本語を 勉強しましたか。
_____勉強しました。

4 どうして 「あなた」は 目上の 人に 使うと 失礼に なるのですか。
_____からです。

5 「〜して ください」は どの ような ときに 使う 言葉ですか。
_____ときに 使う 言葉です。

6 この 人は 目上の 人に 今まで ずっと 「あなた」を 使って いましたか。
(はい／いいえ) _____。

7 この 人は、どうして 顔が 赤く なったのですか。
「あなた」や 「〜してください」が _____ことを、
今まで_____からです。

문형 연습

ⓐ~ⓑ 문장을 완성하세요.

助詞を 入れ、動詞・形容詞を 適当な 形に して 文を 作りましょう。

01 ～ては いけない ~해서는 안 된다

⋯▶ 目上の 人には 決して 使っては いけない 言葉ですよ。
윗사람에게는 절대로 사용해서는 안 되는 말이에요.

ⓐ (燃えます、ゴミ、燃えません、ゴミ) を、(いっしょ、捨てます) は いけません。

_____

ⓑ (図書館、中)、(大きな、声、話します) は いけません。

_____

02 ～て きた ~하고 왔다, 점차 ~해졌다

⋯▶ ……自分の 国で 一年ほど 日本語を 勉強して きましたが、……
……우리나라에서 1년쯤 일본어를 공부하고 왔는데……

ⓐ (日本、生活、だんだん、慣れる) きました。

_____

ⓑ (鐘、音、遠い) から (聞こえる) きました。

_____

03 〜ても ~해도

⋯▶ 文法的には　正しくても、目上の　人に　使うと、とても　失礼な　言葉だったのです。
문법적으로는 맞아도 윗사람에게 사용하면 매우 실례인 말이었던 것입니다.

ⓐ （いくら、働きます）も、（生活、少しも、楽だ、なります）。

ⓑ サラリーマンは　（少し、くらい、熱、あります）も、（会社、休みます、こと）　できません。

04 〜しか　〜ない　~밖에 ~하지 않다, ~만 ~하다

⋯▶ ……それ　以下の　人にしか　使っては　いけない　言葉で、……
그 이하의 사람에게밖에 사용할 수 없는 말로……

ⓐ 彼は　（金もうけ、こと、しか、考える）　男だ。

ⓑ 私は（まだ、日本語、勉強、始める、ばかり）ので、（簡単だ、日本語、しか、話せる）。

---

01 燃える (불)타다 | 02 鐘 종 | 音 소리 | 聞こえる 들리다 | 03 少しも〜ない 조금도 ~하지 않다 | 楽(な) 편안(한), 안락(한) | 04 金もうけ 돈벌이 | 簡単(な) 간단(한)

연습 문제
● 실력을 확인해 보세요.

1 ひらがな（下線部）の ところを 漢字で 書いて ください。

① おしえる　　　　② ことば　　　　　③ ただしい
（　　　）　　　　（　　　　）　　　　（　　　　）

④ しつれい　　　　⑤ めしたの 人　　　⑥ あかい
（　　　　）　　　（　　　　）　　　　（　　　）

2 漢字の ところ（下線部）の 読み方を ひらがなで 書いて ください。

① 教授　　　　　　② 笑顔　　　　　　③ 一瞬
（　　　　）　　　（　　　　）　　　　（　　　　）

④ 嫌な 顔　　　　 ⑤ 表現　　　　　　⑥ 恥ずかしさ
（　　　　）　　　（　　　　）　　　　（　　　　）

3 ＿＿に、適当な 語を 選んで、文を 完成させて ください。
（まで／までに／また／または）

① 今＿＿＿＿＿ 何か 大きな 病気を した ことが ありますか。

② 今＿＿＿＿＿ どこに 行って いたんですか。

③ 彼女は 美しく、＿＿＿＿＿ やさしい 女性だった。

④ 電話か ＿＿＿＿＿ ファックスで お申し込みください。

4 ( )に 助詞（ひらがな一字／要らないときは×）を 入れて ください。

① 目上（ ） 人（ ） 話す（ ） ときは、言葉（ ） 使い方（ ） 気（ ） つけましょう。

② 私（ ） 日本（ ） 住んで、二年（ ）（ ）に なります。

③ 彼（ ） 来る（ ）を 8時（ ）（ ） 待った（ ）、来なかった。

④ 試験（ ） 9時（ ）（ ）です（ ）（ ）、遅くても 9時5分前 まで（ ） 来て ください。

5 語の 形を 変えて 文を 作って ください。

① （歩く→　　　　）ながら、タバコを（吸う→　　　　）は いけない。

② （寒い→　　　　）（なる→　　　　）きましたが、先生、お変わりあ りませんか。

③ いくら（呼びます→　　　　　）も、返事が（あります→　　　　　） から、誰も（います→　　　　　）のかも しれません。

④ 私が（貸します→　　　　　）あげられる お金は、これだけしか（あ ります→　　　　　）。

---

3 やさしい 상냥하다, 마음이 곱다, 다정하다 ｜ ファックス 팩스 ｜ 申し込む 신청하다
5 お変わりありませんか 별고 없으십니까?

• 다음 질문을 읽고 이야기해 봅시다.

Part 13

1. あなたは 目上の 人に 「あなた」と 言った ことが ありますか。

2. 目上の 人に 「ここに 座っても いいですか」と 聞かれた とき、「はい、座っても いいです」と 言うのは 正しい 言い方ですか。

3. あなたは 目上の 人に 名前を 聞く とき、どう 言いますか。

4. あなたは 目上の 人に 年齢を 聞く とき、どう 言いますか。

5. あなたは 目上の 人に お茶を 勧める とき、どう 言いますか。

年齢 연령 | 勧める 권유하다

Part 14

日本人の お辞儀
일본인의 인사

★ 독해 어휘 길라잡이

いらっしゃいませ 어서 오세요 | 指先(ゆびさき) 손가락 끝 | お辞儀(じぎ) 인사, 절 | 迎(むか)える 맞다, 맞이하다 | シーン 장면 | 座礼(ざれい) 좌례 | 正式(せいしき) 정식 | オフィス 사무실 | 立礼(りつれい) 입례 | ビジネス 비즈니스 | ～同士(どうし) ~끼리 | 握手(あくしゅ) 악수 | まれ(な) 드문, 희귀한 | 一般的(いっぱんてき) 일반적 | それにしても 그렇다 치더라도, 그렇다고 하더라도 | ～ほど～はない ~만한 ~는 없다 | 思(おも)わず 엉겁결에, 무의식중에, 나도 모르게 | 押(お)さえつける 꽉 누르다, 억누르다 | きちんと 정확히, 똑바로 | 叱(しか)る 꾸짖다, 야단치다 | しつける (예의범절을) 가르치다 | 染(し)みつく 배어들다, 얼룩이 지다

111

Part 14 日本人の お辞儀

テレビを 見て いると、「いらっしゃいませ」と 玄関で 座って、指先を 畳に つけて、お辞儀を して お客を 迎える シーンが あります。日本の 家で お客を 迎える ときには、この 座礼 が 正式の お辞儀だそうです。もちろん、会社の オフィスや 外で 人と 会った ときは 立った ままで お辞儀します。これを 立礼と 言いますが、ビジネスの 場でも 日本人同士の 場合は 握手は まれで、お辞儀が 一般的です。

＜和式の座礼＞

それに しても 日本人ほど 何度も お辞儀を する 国民は いないのでは ないでしょうか。おもしろいのは、日本人が 携帯電話で 電話を して いる ときも、相手が 見えないのに、「先日は どうも ありがとうございました」とか、「どうも すみません」とか 言いながら お辞儀を して いる ことです。私は そんな 日本人を はじめて 見た とき、思わず 笑って しまいました。

私は 小さい 子どもが 頭を 下げるのを 忘れた とき、お母さんが 子どもの 頭を 押さえつけて、「失礼でしょ。きちんと お辞儀を しなさい」と 叱って いるのを 見た ことが あります。日本人は 子どもの ころから 厳しく しつけられて、お辞儀が 体に 染みついて いるのでしょうね。

1　座礼と いうのは どの ような お辞儀の ことですか。
　　_____お辞儀の ことです。

2　日本では、どんな ときに 座礼が 行われますか。
　　_____ときです。

3　立礼と いうのは どの ような お辞儀の ことですか。
　　_____お辞儀の ことです。

4　日本では、どんな ときに 立礼が 行われますか。
　　_____ときです。

5　日本人同士の 挨拶の 場合、握手と お辞儀と どちらが 多いですか。
　　_____よりも_____方が 多いです。

6　ビジネスの 場で 握手が 行われるのは、どんな 場合だと 思いますか。
　　_____場合です。

7　「私は そんな 日本人を はじめて 見たとき」(下から 7 行目)と ありますが、「そんな 日本人」は 何を 指して いますか。
　　_____日本人です。

문형 연습

ⓐ~ⓑ 문장을 완성하세요.

助詞を 入れ、動詞・形容詞を 適当な 形に して 文を 作りましょう。

01 〜まま ~한 채

……立った ままで お辞儀を します。
……선 채로 인사를 합니다.

ⓐ 田中さんは （私、お金、借ります）まま、（返します）くれません。

ⓑ （教室、時計、午後3時、止まります）ままだった。

02 〜のに ~한데(도), ~인데(도)

相手が 見えないのに、「……」とか 言いながら お辞儀を して いる。
상대가 보이지 않는데 '……'라고 말하며 고개 숙여 인사를 한다.

ⓐ （冬）のに、（まるで、春、ようだ、暖かいです）一日でした。

ⓑ 彼は （あまり、勉強します）のに、（いつも、成績、いいです）。

03 ～て しまった ~해 버렸다

……見た とき、思わず 笑って しまいました。
……보았을 때 저도 모르게 웃어 버렸습니다.

ⓐ (電車、中、大切だ、書類、入った、カバン、忘れる) て しまった。

_____

ⓑ (タクシー、乗る) が、(道、込む、いる) ので、(会議、遅れる) しまった。

_____

04 ～のを ~하는 것을, ~한 것을

小さい 子どもが 頭を 下げるのを 忘れた とき、お母さんが……
어린 아이가 머리를 숙이는 것을 잊었을 때 엄마가……

ⓐ (駅前、大きな、本屋、できる) のを (知る) いますか。

_____

ⓑ (手紙、切手、貼る) のを (忘れる) まま、(ポスト、入れる) しまった。

---

01 教室 교실 | 時計 시계 02 まるで～ようだ 마치 ~인 것 같다, 마치 ~인 듯하다 | 暖かい 따뜻하다 03 書類 서류 | 込む 혼잡하다, 붐비다 04 本屋 서점, 책방 | 切手 우표 | 貼る 붙이다 | ポスト 우체통

연습 문제

실력을 확인해 보세요.

1 ひらがな（下線部）の ところを 漢字で 書いて ください。

① すわる　　　　② お客を むかえる　　③ なんども
(　　　)　　　　　(　　　　)　　　　　　(　　　)

④ あいて　　　　⑤ せんじつ　　　　　　⑥ あたま
(　　　)　　　　　(　　　　)　　　　　　(　　　)

2 漢字の ところ（下線部）の 読み方を ひらがなで 書いて ください。

① 指先　　　　　② 座礼　　　　　　　　③ お辞儀
(　　　)　　　　　(　　　　)　　　　　　(　　　)

④ 握手　　　　　⑤ 一般的　　　　　　　⑥ 叱る
(　　　)　　　　　(　　　　)　　　　　　(　　　)

3 ＿＿に、適当な 語を 選んで、文を 完成させて ください。

（のが／のを／のは／のに）

① ハサミは 紙を 切る＿＿＿＿＿ 使います。

② 私は 子どもたちが 野球を して いる＿＿＿＿＿ 見て いた。

③ 私は 音楽を 聴く＿＿＿＿＿ 趣味です。

④ 私が 生まれた＿＿＿＿＿ 海の 近くの 小さな 村です。

4 （　）に 助詞（ひらがな一字／要らないときは×）を 入れて ください。

① 以前（　）私（　）ここ（　）会ったの（　）覚えて いますか。

② 女性（　）女性（　）握手（　）しないの（　）普通です。

③ 自動販売機（　）お金（　）入れたの（　）、ジュース（　）出て こない。

④ こんな（　）ところ（　）自転車（　）止めたの（　）誰ですか。

5 語の 形を 変えて 文を 作って ください。

① 握手を（します→　　　　）とき、目下の 人が 目上の 人に 先に 手を（さし出します→　　　　）のは 失礼な ことです。

② 馬は（立つ→　　　　）まま（眠る→　　　　）ことが できる。

③ せっかく 宿題を（しました→　　　　）のに、（持って きます→　　　　）のを 忘れて しまった。

④ 明日は（日曜日→　　　　）のに、会社へ（行く→　　　　）なければなりません。

● 다음 질문을 읽고 이야기해 봅시다.

Part 14

1　あなたは　日本人の　座礼を　見た　ことが　ありますか。

2　あなたの　国の　伝統的な　挨拶の　仕方を　紹介して　ください。

3　あなたの　国では　初対面の　目上の　人と　挨拶する　とき、お辞儀と　握手と　どちらが　普通ですか。

4　あなたは　電話を　かけながら、お辞儀を　する　ことが　ありますか。

5　あなたの　国では　男性と　女性、女性同士も　握手を　しますか。

伝統的 전통적 | **初対面** 첫 대면

Part 15

日本人の 身ぶり言語
일본인의 바디 랭귀지

★ **독해 어휘** 길라잡이

失敗談 실수담, 실패담 | 手のひら 손바닥 | 動作 동작 | 急ぐ 서두르다 | 立ち去る 떠나다, 물러가다 | 次 다음 | 怒る 화내다 | 実は 사실은, 실은 | 身ぶり 몸짓 | 意味 의미, 뜻 | 身ぶり言語 바디 랭귀지 | 小指 새끼손가락 | 振る 흔들다 | だめ(な) 소용없(는), 할 수 없(는), 불가능(한) | 遠慮する 사양하다, 겸손하다 | 恋人 연인 | インド 인도 | トイレ 화장실 | 人差し指 집게손가락 | どろぼう 도둑 | 学習 학습 | 習慣 습관

Part 15 日本人の 身ぶり言語

　私には アメリカの 留学生で、ルイスと いう 友だちが います。彼から おもしろい 失敗談を 聞きました。

　ある 日本人の 友だちが 手の ひらを 下に して、手を 上下させる 動作(右の絵)を しました。それを 見た ルイスは、急いで その 場を 立ち去りました。

　ところが、次の 日、その 友だちが ルイスに「呼んだのに、どうして 来なかったんだ」と 怒ったそうです。実は この 身ぶりは、日本では 「こっちに 来い」と いう 意味ですが、アメリカでは 「あっちへ 行け」と いう 意味だったのです。

　それぞれの 言語は それぞれの 身ぶり言語を 持って います。例えば、日本で 手の 小指を 相手に 向けて 横に 振る(左の 絵)と、「だめです」とか 「遠慮します」とか いう 意味に なります。

では、小指を 立てた 形は 何を 意味すると 思いますか。日本では 「女性の 恋人」を 表しますが、インドでは トイレの 意味に なります。ちなみに 人差し指を 曲げる 形は 中国では 9を 表しますが、日本では 「どろぼう」の 意味に なります。外国語の 学習と いうのは、この 身ぶり言語の ように その 国の 文化や 習慣も 学ぶ ことなんですね。

읽고 답하기 ● 독해문을 읽고 다음 빈 칸을 채우세요.　　Part 15

1　日本人が 手の ひらを 下に して 上下させるのは、どういう 意味ですか。
　　_____という 意味です。

2　ルイスは その 動作を 見て どうしましたか。
　　_____ました。

3　それは どうしてですか。
　　_____からです。

4　身ぶり言語と いうのは 何の ことですか。
　　_____ことです。

5　小指を 立てる ジェスチャーは 日本では 何を 表しますか。
　　_____という 意味を 表します。

6　小指を 立てる ジェスチャーは インドでは 何を 表しますか。
　　_____という 意味を 表します。

7　指（1～5）の 名前を 言って ください。

　　1 _____ゆび　　2 _____ゆび
　　3 _____ゆび　　4 _____ゆび
　　5 _____ゆび

문형 연습

ⓐ~ⓑ 문장을 완성하세요.

助詞を 入れ、動詞・形容詞を 適当な 形に して 文を 作りましょう。

01 ～させる（使役形） ~하게 하다, ~시키다(사역형)

⋯▶ ……手の ひらを 下に して、手を 上下させる 動作を しました。
……손바닥을 아래쪽으로 하고 손을 올렸다 내렸다 하는 동작을 했습니다.

ⓐ 店長、（気分、悪い）ので （少し、休む） いただけませんか。

_____

ⓑ 先生は （カンニングする、学生）を （廊下、立つ） ました。

_____

02 ～んだ／～のだ ~(한) 것이다(설명, 강조)

⋯▶ 呼んだのに、どうして 来なかったんだ。
불렀는데 왜 오지 않은 거야?

ⓐ あなたは （だれ、その、話、聞きました） んですか。

_____

ⓑ （市役所、行きたいです） んですが、（どの、バス、乗ります）
ら いいですか。

_____

03 命令形 명령형

こっちに 来い。／あっちに 行け。
이쪽으로 와 / 저쪽으로 가

ⓐ （雨、道、滑る）から、（運転、気、つける）よ。

───────────────

ⓑ 「（タバコ、吸う）」は「（タバコ、吸う）は いけない」と いう 意味だ。

───────────────

04 〜というのは〜ことだ ~라고 하는 것은 ~를 말한다, ~는 ~다

言葉の 学習と いうのは、その 国の 文化も 習慣も いっしょに 学ぶ ことなんですね。
언어의 학습이라는 것은 그 나라의 문화도 습관도 함께 배우는 것이군요.

ⓐ 週刊誌と いうのは、（週、一回、発行されます、雑誌）ことです。

───────────────

ⓑ 「手紙」と いうのは、（中国語、トイレットペーパー、いいます、意味です）そうです。

───────────────

01 気分 기분 | カンニングする 컨닝하다 | 廊下 복도　02 市役所 시청　03 滑る 미끄러지다
04 週刊誌 주간지 | 発行する 발행하다 | トイレットペーパー 화장지

연습 문제

● 실력을 확인해 보세요.

1 ひらがな（下線部）の ところを 漢字で 書いて ください。

① <u>ての</u> ひら　　② <u>いそぐ</u>　　③ <u>たちさる</u>
（　　　）　　　　（　　　）　　　（　）（　）

④ <u>いみ</u>　　　　⑤ <u>まげる</u>　　⑥ <u>かたち</u>
（　　　）　　　　（　　　）　　　（　　　）

2 漢字の ところ（下線部）の 読み方を ひらがなで 書いて ください。

① <u>失敗談</u>　　　② <u>動作</u>　　　③ <u>身ぶり言語</u>
（　　　　）　　　（　　　　）　　　（　　　　　）

④ <u>例</u>えば　　　⑤ <u>遠慮</u>する　　⑥ <u>学</u>ぶ
（　　　　）　　　（　　　　）　　　（　　　　）

3 ＿＿＿に、適当な 語を 選んで、文を 完成させて ください。
（ところが／じつは／たとえば／では）

① ＿＿＿＿＿＿、お気を つけて。

② 私は 球技(きゅうぎ)、＿＿＿＿＿＿ サッカーや 野球(やきゅう)などが 好きです。

③ うまく いくと 思った。＿＿＿＿＿＿ 大失敗だった。

④ ＿＿＿＿＿＿ お願(ねが)いが あって、来たんです。

4 （　）に 助詞（ひらがな一字／要らないときは×）を 入れて ください。

① 私（　）は 三歳（　）なる（　）息子（　）います。

② 母（　）姉（　）スーパー（　）買い物（　）行かせました。

③ 日本（　）は 親指（おやゆび）（　）立てる（　）、彼氏（かれし）（　）意味（　）なる。

④ 東大（とうだい）（　）いう（　）は、東京大学（　）略（りゃく）です。

5 語の 形を 変えて 文を 作って ください。

① 息子には（やる→　　　）たい ことを、自由に（やる→　　　）やろうと 思って いる。

② お腹(なか)が（痛(いた)いです→　　　）んですが、早く（帰ります→　　　）くださいませんか。

③ 自分が できない ことを 人に「（します→　　　）」と（言います→　　　）な。

④ 「（食べる→　　　）」よりも「（食べる→　　　）なさい」の 方(ほう)が ていねいです。

---

3 球技(きゅうぎ) 구기 ｜ 野球(やきゅう) 야구　4 彼氏(かれし) 남자친구 ｜ 略(りゃく) 줄임, 생략　5 お腹(なか) 배

● 다음 질문을 읽고 이야기해 봅시다.

Part 15

1. あなたの 国の 身ぶり言語と 日本の 身ぶり言語を 比べましょう。

　★ 手指を 使った 「こっちへ こい」の 表し方

　★ 手指を 使った 「だめです」の 表し方

　★ 手指を 使った 「お願いします」の 表し方

　★ 手指を 使った 1から 10までの 表し方

2. あなたの 国の 言葉と 日本語を 比べて、どんな 違いが ありますか。違いを 二つ 以上 挙げて ください。

比べる 비교하다 | 挙げる 예를 들다

Part 16

日本語は あいまい?
일본어는 애매하다?

★ 독해 어휘 **길라잡이**

確かに 확실히, 분명히 | あいまい(な) 애매(한) | 表情 표정 | きっと 틀림없이, 꼭 | 事情 사정 | 察する 살피다, 헤아리다, 이해하다 | 尋ねる 묻다 | お互い 서로, 쌍방 | 口にする 말하다 | 美徳 미덕 | いわゆる 이른바, 소위 | 個人 개인 | 欧米型 서양형, 서양식 | 主張 주장 | 対照的 대조적 | ~ないように ~하지 않도록 | 否定する 부정하다 | 避ける 피하다, 꺼리다 | 傾向 경향 | ~にくい ~하기 어렵다(나쁘다, 불편하다) | 原因 원인 | 背景 배경

Part 16 日本語は あいまい?

電車の 中で 若い 男女が こんな 会話を して いました。

男：今夜 食事に 行かない？

女：あのう ちょっと……。

あなたは、この 次に 男性が どう 言ったと 思いますか。「そう。じゃ、また 今度」です。

確かに 「あのう ちょっと」 だけでは 「イエス」か 「ノー」か はっきり しませんが、この 男性は 彼女の 表情から きっと 何か 行けない 事情が あるのだろうと 察して、「じゃ、また 今度」と 言ったのです。また、日本人は 相手が 言いたくない ことを 聞くのは 失礼だと 考えますから、「どうして 行けないんですか」とは 尋ねません。この ように 日本では お互いの 気持ちを 口に しないで、察しあう ことが 美徳と 考えられて いるのです。

この いわゆる 「察しの 文化」は、個人の 気持ちや 考えを 言葉に して、はっきり 伝える ことを 美徳と する 欧米型の 「主張の 文化」とは 対照的です。特に 日本人は お互いの 関係を 壊さないように、相手の 気持ちを 否定する 言い方を 避ける 傾向が あります。これが 外国人から 日本人の 話は 「イエス」か 「ノー」かが わかりにくく あいまいだと 言われる 原因なのですが、その 背景に あるのは お互いの 文化の 違いなのです。

● 독해문을 읽고 다음 빈 칸을 채우세요.

Part 16

1 女性が 使った 「あのう ちょっと」は どんな 意味ですか。
　_____という 意味です。

2 男性は 「あのう ちょっと」の 意味が すぐ わかりましたか。
　(はい／いいえ)_____。

3 この 女性は どうして 「あのう ちょっと」の ような あいまいな 言い方を しましたか。
　_____ては いけないと 思ったからです。

4 この 男性は どうして 女性に 行けない 理由を 聞かないのですか。
　_____と 考えるからです。

5 「察しの 文化」と いうのは、どのような 文化の ことですか。
　_____ことです。

6 「主張の 文化」と いうのは、どのような 文化の ことですか。
　_____ことです。

7 日本人が あまり 使いたがらないのは どんな 言葉ですか。
　_____です。

문형 연습

ⓐ~ⓑ 문장을 완성하세요.

助詞を 入れ、動詞・形容詞を 適当な 形に して 文を 作りましょう。

01 （疑問詞）〜か、〜 (의문사) ~인가~, ~인지~

→ 「どうして 行けないのか」とも 聞きません。
'왜 갈 수 없는 거야?'라고도 묻지 않습니다.

ⓐ （案内所、店、人、紳士靴売り場、どこ） 尋ねました。
_____

ⓑ （電車、何時、京都、着きます）、（あなた、知ります）か。
_____

02 〜あう 서로 ~하다

→ お互いの 気持ちを 口に しないで、察しあう ことが ……。
서로의 마음을 말로 표현하지 않고 서로 헤아리는 것이……

ⓐ （家族、助ける）あって、（生きる、いく）なければ なりません。
_____

ⓑ 私は （ボクシング）ような、（人、人、殴る）あう スポーツは
（あまり、好きです）。
_____

03　〜ように／〜ないように　~하도록(하게) / ~하지 않도록(않게)

⋯▶　日本人は　お互いの　関係を　壊さないように、相手の……。
　　　일본인은 상호 관계가 깨지지 않도록 상대방의……

ⓐ　(熱、下がります)　ように　(病院、注射、打ちます)　もらった。

_____

ⓑ　私は　(会いました、人、名前、忘れません)　ように、(いつも、
　　手帳、書きます)　おきます。

_____

04　〜にくい　~하기 어렵다, ~하기 나쁘다, ~하기 불편하다

⋯▶　日本人の　話は　「イエス」か　「ノー」かが　わかりにくいとか、……
　　　일본인의 이야기는 '예스'인지 '노'인지가 알기 어렵다든가……

ⓐ　(この、カバン、丈夫だ、壊れる)　にくいです。

_____

ⓑ　(この、作文、字、汚い、読む)　にくいですよ。(もっと、ていねいだ、
　　読む)　やすい　(字、書く)　ください。

_____

---

01 案内所 안내소 ｜ 紳士靴売り場 신사화 매장　02 ボクシング 권투 ｜ 殴る 때리다 ｜ スポーツ 운동
03 注射 주사 ｜ 手帳 수첩　04 丈夫(な) 튼튼(한), 건강(한), 견고(한) ｜ 作文 작문

연습 문제

실력을 확인해 보세요.

1 ひらがな（下線部）の ところを 漢字で 書いて ください。

① だんじょ　　② こんど　　③ じじょう
（　　　）　　（　　　　）　　（　　　）

④ こじん　　⑤ とくに　　⑥ げんいん
（　　　）　　（　　　　）　　（　　　）

2 漢字の ところ（下線部）の 読み方を ひらがなで 書いて ください。

① 確かに　　② 表情　　③ 尋ねる
（　　　）　　（　　　　）　　（　　　）

④ お互い　　⑤ 主張する　　⑥ 傾向
（　　　）　　（　　　　）　　（　　　）

3 ＿＿＿に、適当な 語を 選んで、文を 完成させて ください。
（また／たしかに／きっと／ぜひ）

① 彼なら ＿＿＿＿＿＿ 将来(しょうらい) 成功(せいこう)する。

② ＿＿＿＿＿＿ 「うん」と 言って いただきたいのですが、……。

③ 今日も ＿＿＿＿＿＿ 雨ですね。

④ 私が 見たのは ＿＿＿＿＿＿ 田中さんでした。まちがいありません。

Part 16

4 （　）に 助詞（ひらがな一字／要らないときは ×）を 入れて ください。

① 彼（　）何（　）考えて いるの（　）私（　）は わかりません。

② 「どこ（　）お出かけです（　）」
　　「ええ、ちょっと そこ（　）（　）」

③ イエス（　）ノー（　）、はっきり（　）返事（　）して ください。

④ 口（　）しないで、心（　）心（　）理解しあう（　）こと（　）以心伝心（　）言います。

5 語の 形を 変えて 文を 作って ください。

① 何が 原因で（故障します→　　　　　）のか、まだ わかって（います→　　　　　）。

② 私にも（わかります→　　　　　）ように もっと（詳しいです→　　　　　）話して ください。

③ 実は（言う→　　　　）にくい（こと→　　　　　）んですが、……。

④ 二人は（知る→　　　　）あって、三日にしか（なる→　　　　　）のに 婚約した。

---

3 将来 장래, 장차, 미래 ｜ 成功する 성공하다　4 お出かけ 외출 ｜ 理解する 이해하다 ｜ 以心伝心 이심전심
5 故障する 고장 나다 ｜ 婚約する 약혼하다

말하기  ● 다음 질문을 읽고 이야기해 봅시다.　　　　　　　Part 16

1　あなたは　食事に　誘われて　断る　とき、どの　ように　言いますか。

2　あなたは　食事に　誘って　断られた　とき、どうして　行けないのか　相手に　理由を　尋ねますか。

3　あなたの　国の　言葉は　「イエス」か　「ノー」かを　はっきり　言う　言語ですか。

4　あなたは　日本人の　話は　わかりにくいと　思った　ことが　ありますか。

5　あなたは　日本人の　「察しの　文化」を　どう　思いますか。

Part 17

酔っぱらい天国 ニッポン

술 취한 사람의 천국 일본

★ **독해 어휘 길라잡이**

酔っぱらい 술 취한 사람, 취객, 술주정꾼 | 過ぎる 지나다, 넘다 | ぐうぐう 쿨쿨 | いびきをかく 코를 골다 | シート 좌석 | 中年サラリーマン 중년 샐러리맨 | 肩を組む 어깨동무를 하다 | 千鳥足 술에 취해 비틀거리며 걷는 것 | 道ばた 길가, 길 | ゲーゲー 웩웩, 구역질하는 모양 | 街角 길모퉁이, 길가 | あちこち 여기저기, 이곳저곳 | 寛容(な) 관대(한), 관용 | 迷惑をかける 폐를 끼치다 | 大目に見る 너그러이 봐 주다 | 天国 천국 | コミュニケーション 커뮤니케이션 | 本音 본심 | 建前 표면적인 주장 | つきあう 사귀다, 어울리다 | 腹を割る 본심을 털어놓다, 속을 털어놓다

日本の生活で、どうしても好きになれないことがある。それは夜、酔っぱらいが多いことだ。

　夜も11時を過ぎると、ぐうぐういびきをかきながら電車のシートに横になって寝ている中年サラリーマン、仲間と肩を組んで千鳥足で歩いているお兄ちゃん、道ばたでゲーゲーと吐いている若い娘さん、都会の街角のあちこちにそんな酔っぱらいの姿がある。

　日本という国はそんな酔っぱらいにとても寛容で、少しぐらい他人に迷惑をかけても、「酒がそうさせたのだから、大目に見てやろう」と、許してもらえる酔っぱらい天国だ。

　それにしても、どうして日本人はそんなにお酒を飲むのだろうか。私には日本人は酒を楽しむよりも、酒をコミュニケーションにどうしても必要なものと考えているように思える。一般的に日本社会は本音よりも建前を大切にする傾向があるから、昼間の建前のつきあいとは別に、お互いの本音を言いあう場が必要になるのではないだろうか。それが日本人がよく使う「酒でも飲みながら、腹を割って話そう」という言葉ではないかと思うのだ。

읽고 답하기
● 독해문을 읽고 다음 빈 칸을 채우세요.   Part 17

1 この 人は 日本の どこが 好きに なれないのですか。
   _____ です。

2 若い 女性の 酔っぱらいも いますか。
   (はい／いいえ) _____ 。

3 日本は 酔っぱらいに 厳しい 国ですか。
   (はい／いいえ) _____ 。

4 文中に 「大目に 見る」に 近い 意味の 語が ありますが、
   その 語は なんですか。
   _____ です。

5 この 人は 日本社会には どんな 傾向が あると 言って いますか。
   _____ と 言って います。

6 「本音を 言いあう」と 同じ 意味を 表す 言葉は どれですか。
   _____ です。

7 「酒を コミュニケーションに どうしても 必要な ものと 考える」と
   いうのは 具体的には どの ような ことを 指して いますか。
   _____ ことです。

具体的(な) 구체적(인) | 指す 가리키다, 지적하다

문형 연습

ⓐ~ⓑ 문장을 완성하세요.

助詞を 入れ、動詞・形容詞を 適当な 形に して 文を 作りましょう。

01 〜ぐらい（程度） ~정도, 쯤, 만큼(정도)

→ 少しぐらい 迷惑を かけても、……
조금쯤 폐를 끼쳐도……

ⓐ （その、犬、大きさ、子牛、ぐらい） ありました。
_____

ⓑ あなたは （東京、来ます）、（どの、ぐらい、なります） んですか。
_____

02 〜（よ）う ~하려고, ~하자

→ 「酒が そう させたのだから、大目に 見て やろうよ」と……
'술이 그렇게 만든 거니까 너그러이 봐 주자'라고……

ⓐ （お腹、すく） ね。（何、食べる） よ。
_____

ⓑ （正月、家族、いっしょに、温泉、行く） と 思って います。
_____

Part 17

03 〜より（も） ~보다(도)

⋯▶ 日本人は 酒を 楽しむよりも 酒を コミュニケーションに……
일본인은 술을 즐기기보다도 술을 커뮤니케이션에……

ⓐ スポーツは （見ます）よりも、（します、方） 楽しいです。

_____

ⓑ （今年、夏、去年）より （暑いです、なります） そうです。

_____

04 〜ようだ ~것 같다

⋯▶ 酒を コミュニケーションに どうしても 必要な ものと 考えて
いるように 思える。
술을 커뮤니케이션에 꼭 필요한 것이라고 생각하는 것 같다.

ⓐ （鍵、かかります） いますから、（誰、いません） ようです。

_____

ⓑ （どこか、聞きました、声、ようだ） 思うのだが、（どうしても、
思い出せます）。

_____

---

01 犬 개 | 子牛 송아지 02 (お腹が)すく (배가) 고프다 | 温泉 온천 03 去年 작년 | 暑い 덥다
04 鍵 열쇠 | 思い出す 생각나다

연습 문제

● 실력을 확인해 보세요.

1 ひらがな（下線部）の ところを 漢字で 書いて ください。

① <u>かた</u>を <u>く</u>む　　② <u>とかい</u>　　③ <u>たにん</u>
（　）（　）　　　　（　　　）　　　　（　　　）

④ <u>さけ</u>を <u>たのし</u>む　⑤ <u>たいせつ</u>にする　⑥ <u>ひるま</u>
（　）（　）　　　　（　　　）　　　　（　　　）

2 漢字の ところ（下線部）の 読み方を ひらがなで 書いて ください。

① <u>街角</u>　　　　② <u>姿</u>　　　　③ <u>寛容</u>
（　　　）　　　（　　　）　　　（　　　）

④ <u>大目</u>に 見る　⑤ <u>本音</u>　　　⑥ <u>建前</u>
（　　　）　　　（　　　）　　　（　　　）

3 ＿＿＿に、適当な 語を 選んで、文を 完成させて ください。
（どう／どうして／どうしても／どうも）

① ＿＿＿＿＿＿　会社を やめたんですか。

② ＿＿＿＿＿＿　あなたに 話したい ことが あります。

③ ＿＿＿＿＿＿　風邪（かぜ）を ひいたようです。

④ ＿＿＿＿＿＿　がんばっても、君は 彼には 勝（か）てないよ。

Part 17

4 ( )に 助詞（ひらがな一字／要らないときは×）を 入れて ください。

① 街（　）あちこち（　）警官（　）立って いた。

② 人（　）迷惑（　）かける（　）ような（　）こと（　）するな。

③ どこ（　）国（　）（　）本音（　）建前（　）ある。

④ 今回（　）（　）は 大目（　）見て いただけないでしょう（　）。

5 語の 形を 変えて 文を 作って ください。

① そこには（海です→　　　　）かと（思います→　　　　）ぐらい の 大きな 湖が あった。

② (出かけます→　　　　）と したら、突然 雨が（降ります→　　　　）だした。

③ 給料が（多いです→　　　　）か どうかよりも、やりがいを 感じられる（仕事です→　　　　）か どうかの 方が 重要です。

④ 今回の 試験は 前回よりも、少し（難しい→　　　　）なった（ようだ→　　　　）思う。

---

3 **がんばる** 참고 노력하다, 애쓰다 ｜ **勝つ** 이기다　5 **突然** 갑자기 ｜ **やりがい** 보람 ｜ **感じる** 느끼다 ｜ **重要(な)** 중요(한)

말하기 • 다음 질문을 읽고 이야기해 봅시다.　　　Part 17

1　あなたの 国にも 酔っぱらって 電車の シートに 横に なって 寝て いる 中年サラリーマンが いますか。

2　そんな 人が いたら 周りの 人は どう しますか。

3　あなたは どんな 時に お酒を 飲みますか。

4　あなたは お酒を 飲むと どう なりますか。

5　お酒を 飲んで 失敗した 経験が あったら、話して ください。

周り 주위 ｜ 経験 경험

Part 18

会社人間と 呼ばれて
회사 인간이라 불리며

★ 독해 어휘 길라잡이

まるで~ようだ 마치 ~인 것 같다 | 運命共同体 운명 공동체 | ~として ~로서 | 支える 지탱하다, 유지하다, 버티다 | 日本型経営 일본식 경영 | 特徴 특징 | 終身雇用制 종신고용제 | 経営トップ 최고 경영자 | 大株主 대주주 | 利益 이익 | 価値観 가치관 | 手当て 수당 | 残業する 잔업하다 | 休日出勤 휴일 출근 | 生きがい 삶의 보람 | 優先する 우선시하다, 우선해서 생각하다 | 働き蜂 일벌 | 戦後 전후, 제2차 세계 대전 후 | 経済成長 경제 성장 | 終業時間 업무가 끝나는 시간, 퇴근 시간 | まっ先 맨 먼저, 곧장 | 若者 젊은이

日本の　サラリーマンは「うちの　会社」と　いう　言葉を、とても　よく使います。日本人の　多くは　会社をまるで　大きな　運命共同体の　ように考えて　いるのです。

　この「運命共同体としての　会社」を　支えて　いるのが　日本型経営の特徴と　言われる　終身雇用制で、アメリカの　ように　経営トップや　大株主の　利益を　第一に　考えるのでなく、社員を　第一に　考える　経営の　価値観に　あると　言われます。

　日本では　手当てを　もらわないで　残業したり、休日出勤する　サラリーマンも　少なくないそうです。日本では　こんな　サラリーマンの　ことを「会社人間」と　呼んで　いますが、仕事を　生きがいと　考え、会社の　利益を　自分自身や　家族よりも　優先する、こう　した「働き蜂」たちが　戦後の　日本の　経済成長を　支えて　きたのです。

　しかし、最近の　調査では　会社の　仕事よりも　私生活や　家族の　方を大切に　する、終業時間が　来たら　まっ先に　家へ　帰る、そんな　若者の方が　多くなって　きたそうですから、日本社会も　これから　変わって　いくかも　しれません。

Part 18

● 독해문을 읽고 다음 빈 칸을 채우세요.

1 日本の サラリーマンの 多くは 会社を どう 思って いますか。
   _____ 思って います。

2 終身雇用制と いうのは どの ような 制度ですか。
   _____ 制度です。

3 日本型経営と アメリカ型経営には どんな 違いが ありますか。
   日本型経営は_____が、
   アメリカ型経営は_____。

4 「会社人間」と いうのは どの ような 人の ことですか。
   _____ことです。

5 「会社人間」と 同じ 意味で 使われて いる 語は なんですか。
   _____です。

6 今の 日本の 若者の 中でも、「会社人間」が 多いですか。
   (はい／いいえ)、会社人間の 方が_____です。

7 最近、日本では どの ような 若者が 増えて いますか。
   _____若者が 増えて
   います。

145

문형 연습

ⓐ~ⓑ 문장을 완성하세요.

助詞を 入れ、動詞・形容詞を 適当な 形に して 文を 作りましょう。

01 | まるで ～ようだ 마치 ~인 것 같다, 마치 ~인 듯하다

⋯▸ 日本人の 多くは 会社を **まるで** 大きな 運命共同体の **ように** 考えて いるのです。
대부분의 일본인은 회사를 마치 커다란 운명 공동체처럼 생각하고 있습니다.

ⓐ (冬) のに、(まるで、春、ようだ) 暖かさです。

＿＿＿＿＿＿＿＿＿＿＿＿＿＿＿＿＿＿＿＿

ⓑ (この、町) は (外国人、多い)、(まるで、外国、いる) ようです。

＿＿＿＿＿＿＿＿＿＿＿＿＿＿＿＿＿＿＿＿

02 | ～と 言われる／言われて いる
～라고 일컬어지다, ~라고 하다 / 일컬어지고 있다

⋯▸ 日本型経営の 特徴と **言われる** 終身雇用制。
일본식 경영의 특징이라고 일컬어지는 종신고용제.

ⓐ (日本、人口) は、(2100年) は (現在、半分、なります、でしょう) 言われて いる。

＿＿＿＿＿＿＿＿＿＿＿＿＿＿＿＿＿＿＿＿

ⓑ (人、性格) は、(血液型、関係、あります) 言われて います。

＿＿＿＿＿＿＿＿＿＿＿＿＿＿＿＿＿＿＿＿

Part 18

03 〜らしい　~인 것 같다, ~인 듯하다(어느 정도의 근거나 증거가 있을 경우)

→ そんな 若者(わかもの)が 増(ふ)えて いるらしいですから、……
그런 젊은이가 늘어나고 있는 것 같으니까……

ⓐ (どうも、その、話、ほんとうです) らしい。

_____

ⓑ (友だち、話) では、(昨日、試験(しけん)、とても、難しいです) らしいです。

_____

04 〜て いく　~해 가다, ~해 나가다

→ 日本社会も しだいに 変(か)わって いくかも しれません。
일본 사회도 점차 변해 갈지도 모르겠습니다.

ⓐ これからは (結婚する) も、(仕事、やめない、女性、増(ふ)える) いくでしょう。

_____

ⓑ これからも (ずっと、この、国、暮(く)らす、いく) と 思って います。

---

02 人口(じんこう) 인구 | 性格(せいかく) 성격 | 血液型(けつえきがた) 혈액형　03 どうも 아무래도 | ほんとう 정말, 사실　04 やめる 그만두다

연습 문제

실력을 확인해 보세요.

1 ひらがな（下線部）の ところを 漢字で 書いて ください。

① けいえい　　　② しゃいん　　　③ しんじる
（　　　）　　　（　　　）　　　（　　　）

④ しごと　　　⑤ さいきん　　　⑥ わかもの
（　　　）　　　（　　　）　　　（　　　）

2 漢字の ところ（下線部）の 読み方を ひらがなで 書いて ください。

① 運命共同体　　　② 特徴　　　③ 終身雇用制
（　　　　）　　（　　　　）　（　　　　　）

④ 価値観　　　⑤ 働き蜂　　　⑥ 経済成長
（　　　）　　（　　　　）　（　　　　　）

3 ＿＿＿に、適当な 語を 選んで、文を 完成させて ください。
（ようだ／ような／ように／ようで）

① 夢の 世界に いる＿＿＿＿、今の 私は 幸(しあわ)せいっぱいです。

② まるで 死んだ ＿＿＿＿ よく 眠(ねむ)って いる。

③ よく 食べるね。まるで 豚(ぶた)が 食べて いる＿＿＿＿。

④ その 女性は 雪の ＿＿＿＿ 肌(はだ)を して いた。

Part 18

4 （ ）に 助詞（ひらがな一字／要らないときは×）を 入れて ください。

① 私（ ）仕事（ ）（ ）も 家族（ ）第一（ ）考えたいです。

② 学生（ ）（ ）先生（ ）夢（ ）何です（ ）と 質問された。

③ 日本人（ ）以前（ ）働き蜂（ ）呼ばれた こと（ ）ある。

④ 日本（ ）は、天気（ ）西（ ）（ ）東（ ）変わって いく（ ）言われます。

5 語の 形を 変えて 文を 作って ください。

① 彼女は ペットの 犬を まるで 自分の（子ども→　　　　）（ようだ→　　　　）かわいがって いる。

② 日本人が（長生きします→　　　　）のは 魚と 野菜が 中心の 和食と 関係が（あります→　　　　）と 言われて いる。

③ 最近 ぜんぜん 料理が（作れる→　　　　）女性が（増える→　　　　）いるらしい。

④ （春→　　　　）なり、山の 雪が（溶ける→　　　　）いった。

3 眠る 자다 | 豚 돼지 | 肌 피부　4 質問する 질문하다 | 以前 이전
5 ペット 애완동물 | かわいがる 귀여워하다 | 長生きする 장수하다, 오래 살다 | 和食 화식, 일본식 요리 | 溶ける 녹다

● 다음 질문을 읽고 이야기해 봅시다.

Part 18

1 あなたの 国でも 終身雇用制の 会社と 契約制（年・月・時間）の 会社と、どちらが 多いですか。

2 あなたは 仕事と 家族と、どちらを 大切に しますか。

3 それは どうしてですか。

4 あなたが 就職先を 選ぶ とき、一番 重視する ことは なんですか

5 あなたが 日本語を 勉強して いる 目的は なんですか。

就職先 취직할 곳 | 重視する 중시하다 | 目的 목적

Part 19

地震大国 ニッポン
지진 대국 일본

★ 독해 어휘 길라잡이

地震 지진 | 停電する 정전되다 | 床 바닥 | まもなく 곧, 이윽고, 머지않아 | 回復する 회복되다 | 地震速報 지진 속보 | 首都圏 수도권 | 震度 진도 | 越す 넘다, 넘기다 | 備える 대비하다, 갖추다, 준비하다 | 非常食 비상식량 | 救急箱 구급상자 | 非常持ち出し袋 비상 주머니 | 万一 만일, 만에 하나, 만약 | 集合場所 집합 장소 | 遭う 만나다, 겪다 | もぐる 기어들다, 숨어들다 | 身を守る 몸을 보호하다 | 死亡原因 사망 원인 | 落下物 낙하물 | 火事 화재 | 備えあれば憂いなし 유비무환

Part 19 地震大国 ニッポン

昨夜の9時ごろ大きな地震があった。地震が起こると、すぐ停電した。電気はまもなく回復したが、部屋を見ると花びんが倒れ、テーブルの上のお皿やコップが床に落ちていた。テレビをつけると、ちょうど地震速報をしているところだった。ニュースによると、首都圏の電車は現在全部止まっているということだった。

日本は本当に地震が多い国だ。最近でも震度7を越す阪神大震災(1995)や新潟大地震(2004)が起こり、建物が壊れ、たくさんの人が亡くなった。そのために、日本の家庭では、地震に備えて、水や、非常食、救急箱、ラジオなどを入れた非常持ち出し袋が準備してある。万一の時の家族の集合場所も決めてあるそうだ。

震度6を越すと、人は立っていられない。もし家でそんな大きな地震に遭ったら、すぐに火を消して、机やテーブルの下にもぐって身を守ろう。日本では水や食べ物の不足で亡くなる人は1人もいない。死亡原因の八割以上は落下物と火事だ。「備えあれば憂いなし」と言う。私たちも地震への備えをしておいた方がいいだろう。

● 독해문을 읽고 다음 빈 칸을 채우세요.

Part 19

1　地震は いつ 起こりましたか。
　　_____。

2　停電は 長く 続きましたか。
　　(はい／いいえ) _____。

3　地震の 後、この 人の 部屋は どう なって いましたか。
　　_____ いました。

4　日本の 家庭では 地震に 備えて どんな ことを して いますか。
　　_____ います。

5　もし 家で 大きな 地震に 遭った 場合、どう しますか。
　　_____。

6　どうして 机や テーブルの 下に もぐるのですか。
　　_____ ためです。

7　地震の とき、人が 亡くなる 原因で 多いのは なんですか。
　　_____。

準備 준비

문형 연습

ⓐ~ⓑ 문장을 완성하세요.

助詞を 入れ、動詞・形容詞を 適当な 形に して 文を 作りましょう。

01 ～ところだ ~막 하려는 참이다, 막 ~하는 중이다, 막 ~했다

⋯▸ テレビを つけると、ちょうど 地震速報を して いる ところだった。
텔레비전을 켜자 때마침 지진 속보를 하고 있는 중이었다.

ⓐ 「待ちましたか」
「(いいえ、私、たった今、来ました) ところです」

_____

ⓑ 「(もう、レポート、書きます) か」
「(いいえ、今、書いて います) ところです」

_____

02 ～と いう ことだ ~라고 한다

⋯▸ 首都圏の 電車は 現在 全部 止まって いると いう ことだった。
수도권의 전철은 현재 전부 멈춰서 있다는 것이었다.

ⓐ (山手の線、事故、ストップする、います) と いう ことです。

_____

ⓑ (昨夜、地震、亡くなる、人、数、5000人、越す) と いう ことです。

_____

03 ～て ある ~해 있다

……ラジオなどを 入れた 非常持ち出し袋が 準備して ある。
……라디오 등을 넣은 비상 주머니가 준비되어 있다.

ⓐ (明日、こと、もう、みんな、知らせる) ありますか。
_____

ⓑ (カレンダー、今月、予定、書く) ありました。
_____

04 ～て おく ~해 두다

私たちも 地震への 備えを して おいた 方が いいだろう。
우리도 지진에 대비를 해 두는 편이 좋을 것이다.

ⓐ (お客、来ます) 前に、(部屋、掃除する) おきます。
_____

ⓑ (次、講義、まで、この、資料、全部、読む) おいて ください。
_____

---

01 たった今 방금, 이제 막 | レポート 리포트 **02** 事故 사고 | ストップする 멈추다 | 数 수, 숫자
03 知らせる 알리다, 통보하다 | カレンダー 달력 **04** 講義 강의 | 資料 자료

연습문제

● 실력을 확인해 보세요.

1 ひらがな（下線部）の ところを 漢字で 書いて ください。

① でんき （　　　）　② へや （　　　）　③ ぜんぶ （　　　）

④ たてもの （　　　）　⑤ みを まもる （　）（　）　⑥ かじ （　　　）

2 漢字の ところ（下線部）の 読み方を ひらがなで 書いて ください。

① 停電する （　　　）　② 回復する （　　　）　③ 首都圏 （　　　）

④ 非常食 （　　　）　⑤ 救急箱 （　　　）　⑥ 死亡原因 （　　　）

3 ＿＿＿に、適当な 語を 選んで、文を 完成させて ください。
（すぐ／まもなく／ちょうど／たった今）

① わかりました。＿＿＿＿＿＿ そちらに 行きます。

② 田中さんは ＿＿＿＿＿＿ 帰った ばかりです。

③ 10番線(ばんせん)に ＿＿＿＿＿＿ 中央線(ちゅうおうせん)が 到着(とうちゃく)します。

④ ＿＿＿＿＿＿ 9時に お店は 開いた。

Part 19

4 （　）に 助詞（ひらがな一字／要らないときは×）を 入れて ください。

① 地震（　）家具（　）倒れ、窓ガラス（　）割れた。

② 私（　）万一（　）備えて、生命保険（　）入って います。

③ 毎年（　）多く（　）人（　）地震（　）台風（　）（　）の 天災（　）命（　）なくして いる。

④ 誰（　）彼（　）こと（　）知って いる（　）人（　）いない？

5 語の 形を 変えて 文を 作って ください。

① 赤ちゃんが さっき（寝る→　　　）ところですから、（静かだ→　　　　　　）して いただけませんか。

② 今年の 冬は （寒いです→　　　　）（なります→　　　　）と いう ことだ。

③ すぐ 料理が（作る→　　　　）ように、（準備する→　　　　　）ある。

④ 今日（勉強しました→　　　　）ところを、よく（復習します→　　　　　　）おくように しましょう。

● 다음 질문을 읽고 이야기해 봅시다.

Part 19

1　あなたの　国では　地震が　よく　起こりますか。

2　あなたは　大きな　地震を　体験した　ことが　ありますか。

3　あなたが　一番　怖いと　思う　天災は　なんですか。

4　あなたの　国で　最近　起こった　大きな　天災は　なんですか。

5　あなたは　地震や　天災に　備えて　何か　準備して　いますか。

体験する 체험하다 | 天災 천재(하늘이 내린 재난)

Part 20

財布の ひもを 握る 妻
지갑 끈을 쥐고 있는 아내

★ 독해 어휘 길라잡이

財布のひもを握る 지갑의 끈을 쥐다, 돈을 관리하는 권한을 쥐다 | 家計 가계 | 管理する 관리하다 | ケース 경우 | 占める 차지하다 | 働き盛り 한창 일할 때 | 小遣い 용돈 | ~ほど~ない ~만큼 ~가 아니다 | 役割分担 역할 분담 | 根強い 뿌리 깊다, 꿋꿋하다 | 家事 가사 | 稼ぎ手 돈을 벌어 식구를 부양하는 사람 | 企業 기업 | 総務・経理 총무・경리 | つまり 즉, 다시 말하면, 요컨대 | 最も 가장 | 専業主婦志向 전업주부 지향 | 株式市場 주식 시장 | 投資 투자 | 主役 주역 | 資産運用 자산 운용 | どうやら 아무래도, 아마도

Part 20 財布の ひもを 握る 妻

　日本では 奥さんが 財布の ひもを 握り、家計を 管理して いる ケースが 約8割を 占めて います。ご主人は 毎月 奥さんから 小遣いを もらうのですが、働き盛りの 40代 サラリーマンの お昼ご飯代を 含む 小遣いの 額が 37000円（月平均）と 言われて いますから、日本の 夫たちの 生活は、外から 見るほど 楽では ありません。

　今も「男は 外で 働き、女は 家を 守る」と いう 役割分担の 考えが 根強い 日本ですが、昔から 家事と いうのは 稼ぎ手を 支える 役割、つまり 企業で 言えば「総務・経理」と 同等の 仕事と 考えられて きました。未婚女性への 調査でも「子どもが 生まれるまでは 働く つもりだが、子どもが 生まれたら 仕事を やめたい」と 答える 女性が 最も 多く、しかも「専業主婦志向」の 若い 女性が 年々 増え続けて いるそうです。また、株式市場が 平日の 昼間に 開かれて いるため、最近では 専業主婦が 株式投資の 主役と なり始めて います。どうやら「総務・経理」だけでなく、家の 資産運用の 仕事も 妻の 役割と なって いるようです。

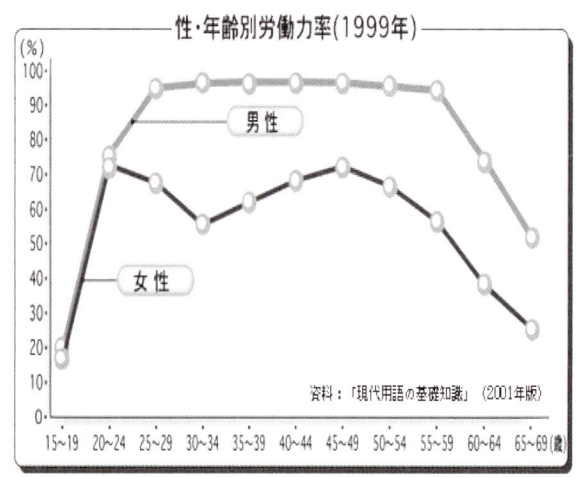

● 독해문을 읽고 다음 빈 칸을 채우세요.

Part 20

1 「家計を 管理する」と 同じ 意味で 使われて いる 語は 何ですか。
_____です。

2 日本の 40代の サラリーマンの 一日の 小遣いは どのくらいですか。
だいたい_____ぐらいです。

3 日本では 男女の 役割を どの ように 考える 傾向が ありますか。
_____傾向が あります。

4 日本では 家事は どの ような 仕事と 考えられて いますか。
_____と 考えられて います。

5 日本では 結婚しても 働き続けたいと 思う 女性が 多いですか。
(はい/いいえ)、_____と 思う 女性が

一番 多いです。

6 どうして 専業主婦が 株式投資の 主役に なり始めたのですか。
_____からです。

7 専業主婦は 何の ために 株式投資を して いるのですか。
_____ためです。

문형 연습

ⓐ~ⓑ 문장을 완성하세요.

助詞を 入れ、動詞・形容詞を 適当な 形に して 文を 作りましょう。

01 ～ほど ～ない ~만큼 ~ 아니다

…▶ 日本の 夫たちの 生活は 外から 見るほど 楽では ありません。
일본 남편들의 생활은 밖에서 보는 것만큼 편하지는 않습니다.

ⓐ (私、国、家賃) は、(日本、ほど、高い) です。
_____

ⓑ (新発売、ビール、飲む) みたが、(テレビ、宣伝されて いる、ほど、おいしかった)。
_____

02 (動詞原形) まで (동사원형) 까지

…▶ 子どもが 生まれるまでは 働く つもりだが……
아이가 태어날 때까지는 일할 예정이지만……

ⓐ (私、帰って きます) まで、(ここ、動きます) ないで ください。
_____

ⓑ (会議、始まります) までに、(部屋、片づけます) おいて ください。
_____

03 〜つもりだ　~할 예정이다, ~할 작정이다, ~할 생각이다

→ 子どもが　生まれるまでは　働く　つもりだが……
　아이가 태어날 때까지는 일할 예정이지만 ……

ⓐ 私は（日本語、勉強する）、（日本、会社、勤めます）つもりです。

ⓑ （1月、大学受験、あります）ので、（今年、正月、国、帰りません）つもりだ。

04 〜続ける／〜始める　계속 ~하다 / ~하기 시작하다

→ 年々「専業主婦志向」の　若い　女性が　増え続けて　いるそうです。
　해마다 '전업주부를 지향'하는 젊은 여성이 계속 늘어나고 있다고 합니다.

→ 専業主婦が　株式投資の　主役と　なり始めて　いるとも……
　전업주부가 주식 투자의 주역이 되기 시작하고 있다고도 ……

ⓐ （うち、娘）は、（さっき、1時間）も（友だち、電話、話します）続けて　います。

ⓑ （事故、止まって　いました、電車）が（やっと、動きます）始めた。

---

01 新発売 신 발매 ｜ 宣伝する 선전하다　02 片づける 정리하다, 치우다　03 勤める 근무하다 ｜ 大学受験 대학 시험
04 やっと 간신히, 가까스로

연습 문제

실력을 확인해 보세요.

1 ひらがな（下線部）の ところを 漢字で 書いて ください。

① ごしゅじん　　② まいつき　　③ らくだ
（　　　）　　　　（　　　　）　　　（　　　　）

④ ささえる　　　⑤ わかい　　　⑥ つま
（　　　）　　　　（　　　　）　　　（　　　　）

2 漢字の ところ（下線部）の 読み方を ひらがなで 書いて ください。

① 家計　　　　② 最も　　　　③ 小遣い
（　　　）　　　（　　　　）　　　（　　　　）

④ 稼ぎ手　　　⑤ 企業　　　　⑥ 株式市場
（　　　）　　　（　　　　）　　　（　　　　　）

3 ＿＿＿に、適当な 語を 選んで 形を 変えて、文を 完成させて ください。
（にぎる／しめる／まもる／ささえる）

① 交通規則（こうつうきそく）は ＿＿＿＿＿＿なければ なりませんよ。

② 彼は 私の 手を 強く ＿＿＿＿＿＿、「ありがとう」と 言った。

③ 高齢者（こうれいしゃ）の 割合（わりあい）が 国民人口（じんこう）の ２０％を ＿＿＿＿＿＿ます。

④ 会社を ＿＿＿＿＿＿ いるのは 一人一人の 社員（しゃいん）の 力です。

4 （　）に 助詞（ひらがな一字／要らないときは×）を 入れて ください。

① 誰（　）財布（　）ひも（　）握って いる（　）知りたいです。

② 君（　）考えて いる（　）（　）、彼（　）馬鹿じゃないよ。

③ 君（　）は 君（　）、僕（　）は 僕（　）考え方（　）ある。

④ 私（　）そこ（　）行く（　）（　）そこ（　）動かないで ください。

5 語の 形を 変えて 文を 作って ください。

① 専業主婦と いう 仕事は、あなたが（思って います→　　　　）ほど、（楽です→　　　　）のよ。

② 実際に（見ます→　　　　）までは、（ほんとうです→　　　　）かどうか わかりません。

③ あなたは 来年 大学を（卒業する→　　　　）ら、どう（します→　　　　）つもりなんですか。

④ どんな ことも（やる→　　　　）始めるのは 簡単ですが、（やる→　　　　）続ける ことは（簡単だ→　　　　）こと ではないのです。

---

3 交通規則 교통 규칙 ｜ 高齢者 고령자 ｜ 社員 사원　4 馬鹿(な) 바보, 어리석은　5 実際 실제

● 다음 질문을 읽고 이야기해 봅시다.

Part 20

1 あなたの 家では 誰が 家計を 管理して いますか。

2 あなたの 国では 夫は どの くらい 家事に 協力して いますか。

3 (1) あなた（男性）は 結婚したら、妻に 専業主婦に なって もらいたいですか。それは どうしてですか。

　(2) あなた（女性）は 結婚したら、妻に 専業主婦に なりたいと 思いますか。それは どうしてですか。

4 あなたは 「女の 幸せは 結婚だ」と いう 考えを どう 思いますか。

協力する 협력하다 | 幸せ 행복

외국어 출판 40년의 신뢰
외국어 전문 출판 그룹
동양북스가 만드는 책은 다릅니다.

40년의 쉼 없는 노력과 도전으로 책 만들기에 최선을 다해온 동양북스는
오늘도 미래의 가치에 투자하고 있습니다.
대한민국의 내일을 생각하는 도전 정신과 믿음으로 최선을 다하겠습니다.

동양북스 추천 교재

일본어 교재의 최강자, 동양북스 추천 교재

회화 코스북

일본어뱅크 다이스키
STEP 1·2·3·4·5·6·7·8

일본어뱅크
좋아요 일본어 1·2·3·4·5·6

일본어뱅크 도모다찌
STEP 1·2·3

분야서

일본어뱅크
좋아요 일본어 독해 STEP 1·2

일본어뱅크
일본어 작문 초급

일본어뱅크
사진과 함께하는
일본 문화

일본어뱅크
항공 서비스 일본어

가장 쉬운 독학
일본어 현지회화

수험서

일취월장 JPT
독해·청해

일취월장 JPT
실전 모의고사 500·700

일단 합격하고 오겠습니다
JLPT 일본어능력시험
N1·N2·N3·N4·N5

일단 합격하고 오겠습니다
JLPT 일본어능력시험
실전모의고사 N1·N2·N3·N4/5

단어·한자

특허받은
일본어 한자 암기박사

일본어 상용한자 2136
이거 하나면 끝!

일본어뱅크
좋아요 일본어 한자

가장 쉬운 독학
일본어 단어장

일단 합격하고 오겠습니다
JLPT 일본어능력시험
단어장 N1·N2·N3

중국어 교재의 최강자, 동양북스 추천 교재

중국어뱅크 북경대학 신한어구어
1·2·3·4·5·6

중국어뱅크 스마트중국어
STEP 1·2·3·4

중국어뱅크 집중중국어
STEP 1·2·3·4

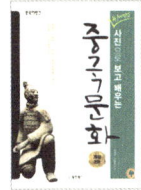
중국어뱅크
뉴! 버전업 사진으로
보고 배우는 중국문화

중국어뱅크
문화중국어 1·2

중국어뱅크
관광 중국어 1·2

중국어뱅크
여행실무 중국어

중국어뱅크
호텔 중국어

중국어뱅크
판매 중국어

중국어뱅크
항공 실무 중국어

정반합 新HSK
1급·2급·3급·4급·5급·6급

일단 합격 新HSK 한 권이면 끝
3급·4급·5급·6급

버전업! 新HSK
VOCA 5급·6급

가장 쉬운 독학
중국어 단어장

중국어뱅크
중국어 간체자 1000

특허받은
중국어 한자 암기박사

동양북스 추천 교재

기타외국어 교재의 최강자, 동양북스 추천 교재

중고급 학습

첫걸음 끝내고 보는 프랑스어 중고급의 모든 것 | 첫걸음 끝내고 보는 스페인어 중고급의 모든 것 | 첫걸음 끝내고 보는 독일어 중고급의 모든 것 | 첫걸음 끝내고 보는 태국어 중고급의 모든 것 | 첫걸음 끝내고 보는 베트남어 중고급의 모든 것

단어장

버전업! 가장 쉬운 프랑스어 단어장 | 버전업! 가장 쉬운 스페인어 단어장 | 버전업! 가장 쉬운 독일어 단어장 | 가장 쉬운 독학 베트남어 단어장

여행 회화

NEW 후다닥 여행 중국어 | NEW 후다닥 여행 일본어 | NEW 후다닥 여행 영어 | NEW 후다닥 여행 독일어 | NEW 후다닥 여행 프랑스어 | NEW 후다닥 여행 스페인어 | NEW 후다닥 여행 베트남어 | NEW 후다닥 여행 태국어

수험서·교재

한 권으로 끝내는 DELE 어휘·쓰기·관용구편 (B2~C1) | 수능 기초 베트남어 한 권이면 끝! | 버전업! 스마트 프랑스어 | 일단 합격하고 오겠습니다 독일어능력시험 A1·A2·B1·B2